KB252826

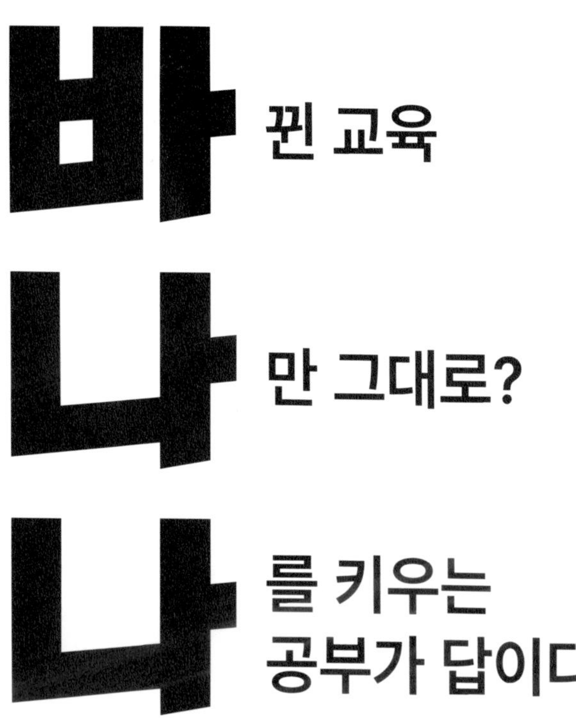

바나나

바꾼 교육 만 그대로? 를 키우는 공부가 답이다

배득중 | 김영란 | 최현경 | 권인희 | 방은실 | 김승숙

도서출판 북마을

가는 길이 다르면
준비도 달라야 한다

고등학교 학습, 중학교와 달라도 많이 다르다

이 책은 중학생 자녀를 둔 학부모님들께서
고등학교 학습의 본질을 이해하시고,
지금부터 어떤 준비가 필요한지 구체적으로 안내하는 데
목적이 있습니다

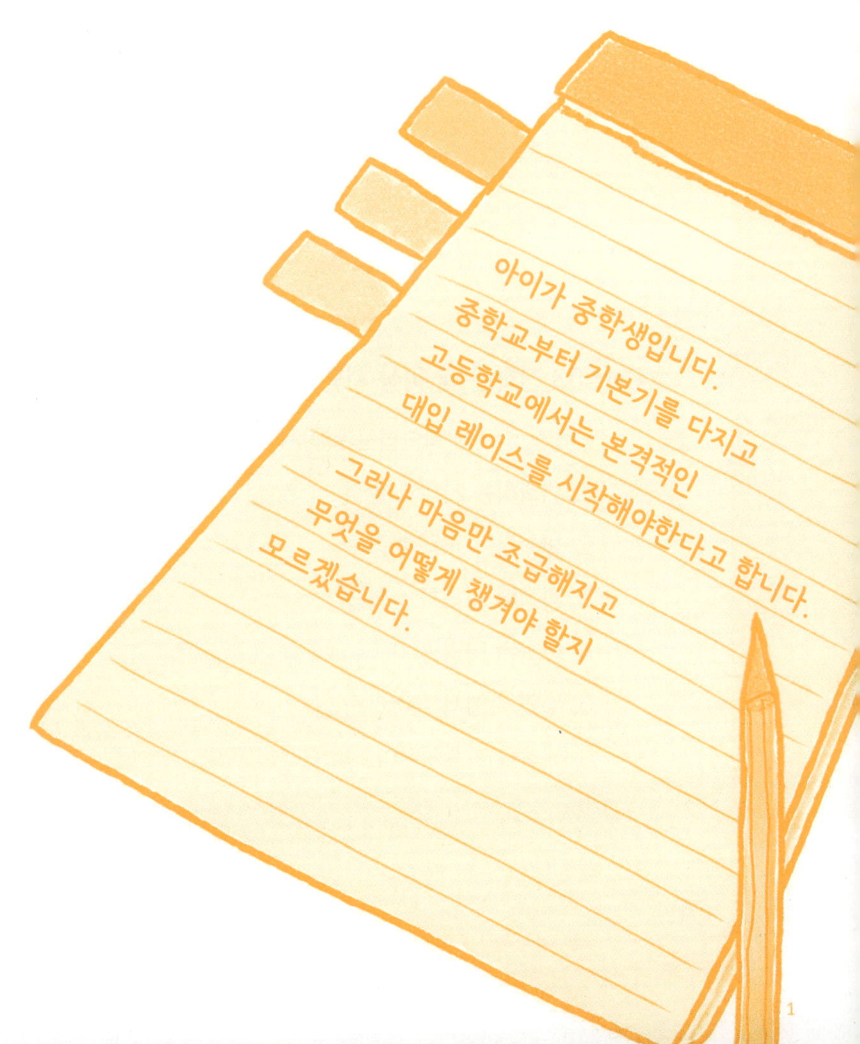

CONTENTS

저자 소개

배득중 · 청담진로진학연구소 소장
　　　　　· [관리형학습관]스터디템퍼스 대표

약 20년 동안 현장에서 학생들을 지도하며 한 가지 확신을 얻었다. 컨설턴트의 역할은 성적을 올리는 요령을 알려주는 것이 아니라, 아이가 스스로 배우고 오래 유지할 수 있는 공부의 기준과 구조를 세워 주는 일이다. 아이마다 속도와 상황은 다르지만, 무엇을 기준으로 공부하고 어떻게 자신의 것으로 만들지 방향을 잡아 주면, 성적 향상과 진로의 방향은 자연스럽게 구체화한다. 오늘도 나는 학생과 학부모가 흔들리지 않고 나아갈 수 있도록 배움의 기준을 만들고자 한다.

김영란 · 대치 미래인재교육 대표
　　　　　· [프리미엄 학습관리관] 대치 미래인재교육연구소 소장

입시 컨설턴트로서 학생부와 성적을 점검하며 진학의 최종 선택 단계까지 함께해 왔다. 상담 현장에서 "조금만 더 일찍 알았더라면"이라는 말을 자주 듣는다. 그때마다 정확한 정보와 분명한 방향이 더 빨리 전달되었더라면 하는 아쉬움이 남는다. 이 책은 그러한 아쉬움에서 출발했다. 정보의 홍수 속에서도 흔들리지 않을 학습의 기본과 방향을 제시하고, 변화하는 입시 흐름 속에서도 꾸준히 적용할 수 있는 실천 전략을 담고자 했다.

최현경 · 디알엠코칭 대표
　　　　　· 대치 미래인재교육 전문컨설턴트

사교육 현장에서 많은 아이들과 부모를 만났다. 공부를 잘하고 못하는 것은 꾸준함과 관심의 차이였다. 좋은 성적은 행운이 아니라 성실함의 결과이며, 부모의 관심은 그러한 학습 태도를 유지하게 한다. 무엇보다 꾸준히 성실하게 공부할 수 있는 힘은 '나를 인정하는 자존감'이라는 사실을 여러 번 확인해 왔다. 이제 그 변화를 향한 도전을 시작해 보기를 권한다.

권인희　・러닝솔루션 대표컨설턴트
　　　　　・대치 미래인재교육 책임컨설턴트

진로의 길은 하나로 정해져 있지 않다. 한 사람의 인생은 그가 내린 수많은 선택의 결과로 이루어진다. 우리의 역할은 그 선택이 보다 올바른 방향으로 나아가도록 돕는 데 있다. 우리가 만나는 한 명의 학생이 자신이 가진 고유함에 대해 알고 이를 소중히 여기며 학습 민첩성과 주도성을 바탕으로 자신의 삶을 행복하게 성장시켜 나가기를 바란다.

방은실　・대치 지속가능한 본교육 대표
　　　　　・대치 입시스케치 컨설턴트

대입을 넘어 취업까지, 지속 가능한 성장을 설계하는 진로 연계 학생부 로드맵 전문 입시 컨설턴트이다. '진로–전공–탐구–기록' 일체화 전략을 통해 학생들이 복잡한 입시 과정에서 길을 잃지 않도록 돕고자 한다. 특히 키워드를 제공하고, 공공데이터와 생성형 AI 질문법을 통한 독창적인 방법론으로, 학생 스스로 '역량 중심 1등급 학생부'를 완성하는 차별화된 입시 로드맵을 제시한다.

김승숙　・생각탐구 원장
　　　　　・대치 미래인재교육 수석컨설턴트

대입 성과는 고등학교에서 드러나지만, 그 바탕은 초등학교와 중학교에서 만들어지며 독서와 문해력이 그 출발점이다. 초등 단계에서는 사고의 기초를, 중등 단계에서는 독서 기반 주제 탐구와 교과 기반 탐구 과정을 설계·지도해 왔고, 고등 단계에서는 입시로 연결되는 전략을 중심으로 컨설팅해 왔다. 이 책에서는 중학교 시기의 학습과 탐구가 고등학교 학생부와 대입 경쟁력으로 이어지는 구조를 다룬다.

01
Part

달라지는 교육환경, 다른 준비가 필요하다

'줄탁동시'라는 말이 있다. 병아리가 알을 깨고 나오기 위해 안에서 쪼는 행동(줄,啐)과 어미 닭이 밖에서 쪼아주는 행동(탁,啄)이 동시에 이루어져야 한다는 뜻이다.

어미 닭의 품에서 21일 동안 부화할 준비를 마친 병아리는 달걀 껍데기를 안에서 긁어대기 시작한다. 이 소리를 들은 어미 닭은 소리가 나는 쪽을 부리로 살살 쪼아주어 병아리가 밖으로 나올 수 있게 힘을 북돋워 준다. 그러나 병아리가 안에서 나오려고 노력하지 않으면 어미 닭 역시 도와주지 않는다.
변화가 일어나기 위해서는 **내면의 준비와 외부의 적절한 자극이 동시에 맞물려야 한다.**

학생의 '줄' — 내면의 준비가 먼저다.

학생에게 가장 중요한 것은 내면의 동기와 자기주도적 학습 태도다. 단순히 외부의 지시에 따라 움직이는 것이 아니라, 스스로 목표를 설정하고 그 목표를 향해 나아가는 과정이 줄의 역할이다. 진로에 대한 고민, 학습에 대한 몰입, 실패를 극복하려는 의지 등은 모두 병아리가 알 안에서 껍데기를 깨기 위한 준비 과정이다. 이 내적 에너지가 충분히 축적되지 않은 상태에서 외부의 자극만 가해지면, 학생은 방향성을 잃고 학습에 대한 거부감을 느끼게 된다.

교육자의 '탁' — 시기적절한 개입이 필요하다.

부모와 교육자는 학생의 성장 시점을 민감하게 감지하고, 그에 맞는 자극을 제공해야 한다. 이는 단순한 정보 전달이나 지시가 아니라, 학생의 가능성을 인식하고 이를 끌어내는 촉진자의 역할이다. 너무 이른 개입은 압박이 되고, 너무 늦은 개입은 기회를 놓치게 만든다.

특히 입시 환경에서는 더욱 그러하다. 학생의 학습 리듬과 정서 상태를 고려한 개입은 병아리가 껍데기를 깨고 나올 수 있도록 돕는 탁의 역할을 한다.

진짜 변화는 맞물릴 때 일어난다.

줄과 탁이 동시에 이루어질 때, 학생은 자신의 껍데기를 깨고 세상으로 나올 수 있다.
입시는 홀로 껍데기를 깨는 고행이 아니라, 함께 깨는 순간을 기다리는 예술이다.

교육 상담은 단순한 문제 해결을 넘어서 학생이 자신의 삶을 주도적으로 살아갈 수 있도록 돕는 중요한 과정이다.

문제의 조기 발견은 예방의 핵심이다.

교육 현장에서 학습 부진, 정서 불안, 사회적 위축, 진로 혼란 등은 초기에는 미세한 징후로 나타난다. 하지만 이를 **방치하면 우울증, 학교 부적응, 자퇴, 비행 행동** 등으로 발전할 수 있다.

진단은 이러한 심각한 결과를 사전에 차단하는 유일한 방법이다.

학생의 발달 시기를 놓치면 회복이 어렵다.

인간의 인지·정서·사회성 발달은 **시기적 특수성**을 갖는다. 예를 들어 초등 고학년, 중학생 시기의 진로 탐색 실패는 고등학교에서의 학습 동기 저하로 이어지고, 이는 대학 진학과 직업 선택에까지 영향을 미치게 된다.

전문가들은 이를 '**발달적 골든타임**'이라 부르며, **이 시기를 놓치면 회복 비용과 시간이 급증**하게 된다.

비전문가의 판단은 오진 가능성이 높다.

교사나 부모의 직관적 판단은 때로는 편견이나 감정에 의해 왜곡될 수 있다. 예를 들어 ADHD나 학습 장애를 단순한 '게으름'으로 오해하거나, 우울증을 '사춘기'로 치부하는 경우가 많다.

이는 **문제의 본질을 놓치고 오히려 상황을 악화시키는 결과**를 초래한다.

교육의 변화 방향을 잡아주는 손이 필요하다.

최근의 입시 제도와 교육 정책은 빠르게 변화하고 있다. 이러한 변화는 단순히 정보를 알고 있다고 해서 대응할 수 있는 수준을 넘어선다. 문제는 이러한 변화가 이미 시작되었다는 점이다. 그러나 많은 학부모와 학생들이 변화의 흐름을 인지하지 못한 채 기존의 방식에 머물러 있다.

지금이 바로 개입해야 할 시점이다.

학생의 작은 신호를 놓치면 진짜로 늦을 수 있다. 골든타임은 지나가면 되돌리기 어렵다. 이제 변화의 흐름을 예측하고 준비하는 것이 무엇보다 중요하다.

입시는 단거리 경주가 아니라 장기 레이스이다. 하지만 그 안에도 '가속 구간'은 존재한다. 바로 발달적 골든타임이다.

이 시기를 어떻게 활용하느냐가 전체 흐름을 결정짓는다. 초등 고학년부터 중학생 시기, 뇌의 전두엽이 급격히 발달하며 사고력과 자기주도성이 폭발적으로 성장한다.

이 시기를 놓치면 이후의 학습은 '추격전'이 될 수밖에 없다. 입시의 골든타임은 단지 '공부를 많이 하는 시기'가 아니라, 공부를 잘하게 하는 시기이다.

중학생 시기, 입시의 '가속 구간'을 잡아야 한다.

중학생 시기는 공부시키는 때가 아니라, 공부를 스스로 설계하는 힘을 기르는 때다. 목표 설정, 계획 수립, 시간 관리 등 자기주도학습의 핵심 요소가 이 시기에 자리 잡게 된다. 학습 습관이 성적보다 중요해지는 단계이기도 하다.

이 과정에서 습득된 학습 습관은 고등학교 이후 내신 관리, 수행평가, 수능 준비의 기반이 된다.

특히 독해력, 논리력, 자료 해석력은 중학생 때 훈련하지 않으면 고등학교에서 따라잡기 어렵다. 중학생은 자유학기제, 진로 체험 활동 등을 통해 "나는 누구인가?", "나는 무엇을 잘하는가?"에 대한 질문을 처음으로 마주한다.

이 시기의 **진로 탐색**은 단순한 직업 선택이 아니라, **자기 이해와 가치관 정립의 과정**이다. 이는 고교 선택과 전공 방향에 직접 영향을 미친다.

고등학교 이후는 '추격전'이 될 수밖에 없다.

고등학교에 진입하면 내신, 수행평가, 비교과 활동 등 실질적인 입시 경쟁이 시작된다. 이때는 학습 전략을 새로 세우기보다 실행에 집중해야 하므로, 중학생 시기에 준비가 부족하면 뒤처진 상태에서 따라잡아야 하는 상황이 된다. **골든타임은 마치 엘리베이터가 열리는 순간과 같다. 그때 타야 위층으로 빠르게 올라갈 수 있다.**

2개 등급 구간 상승/하락

1개 등급구간 하락

1개 등급구간 상승

등급 유지 65.1%

입시전문기업이 고등학생들의 입학 후 성적 변화를 분석한 데이터를 보면, 중3 성적이 고3 성적까지 이어지는 경향이 뚜렷하게 나타난다. 실제 조사 대상 학생 전체의 65.1%가 고등학교 입학 후 첫 학기 등급과 고3까지의 평균 등급을 동일하게 유지한 것으로 나타났다. 등급 변화가 2개 구간 이상 크게 일어난 학생은 1.2%에 불과했다.

즉 대부분 학생은 중3 때의 성적 패턴을 고등학교 내내 유지하는 경향이 강하다고 볼 수 있다. 특히 첫 학기에 1등급 초반의 성적을 받은 학생의 95.0%는 3학년 1학기까지 평균 1등급 대를 기록하며 큰 성적 변화를 보이지 않았다.

[국·수·영·탐 내신 평균 등급 변화]

1-1학기	전학년(3-1학기까지) 평균등급					
	1등급대	2등급대	3등급대	4등급대	5등급대	6등급 이하
1등급대 초반	**95.0%**	4.5%	0.3%	0.1%	0.1%	0.0%
1등급대 후반	**67.0%**	31.8%	0.9%	0.2%	0.1%	0.0%
2등급대 초반	22.9%	**70.5%**	6.0%	0.4%	0.1%	0.1%
2등급대 후반	3.5%	**68.2%**	27.1%	1.1%	0.1%	0.0%
3등급대 초반	0.4%	32.7%	**61.3%**	5.1%	0.4%	0.1%
3등급대 후반	0.0%	8.4%	**69.2%**	21.4%	0.9%	0.1%
4등급대	0.0%	0.9%	27.7%	**60.6%**	10.2%	0.5%
5등급대	0.0%	0.1%	1.8%	33.9%	**56.4%**	7.8%

*데이터출처: 진학사. 최근 2년간 전학년 내신성적 입력자 중
1-1학기 평균 성적이 5등급대 이내인 학생 125,102명, 3-1학기까지 분석

중3 성적이 고3까지 이어지는 이유는 중학교 시절에 형성된 공부 습관, 학습 태도가 고등학교 내신과 대입 성적에까지 영향을 미치기 때문이다. 자기주도학습 역량이 높을수록 성적도 높게 유지되는 경향이 강하다. 중학교 때부터 배운 내용을 자기 것으로 만드는 습관이 고등학교에서의 성적 유지에 결정적 역할을 한다.

그러나 출발선이 조금 앞섰다고 끝까지 유리하지는 않다. 오히려 힘을 내야 할 막판에 번아웃이 올 확률도 높다. 다시 말해 중학교 성적 A가 공부 역량까지 대변하지는 않는다. 평소 성실하며 반복 학습과 암기에 능하다면 중학교까지는 상위권을 유지할 수 있다. 하지만 고교 공부는 깊이와 양이 다르다.

중학교 성적에 속지 마라.
착시가 시작되면, 무너지는 건 자존감과 미래다.

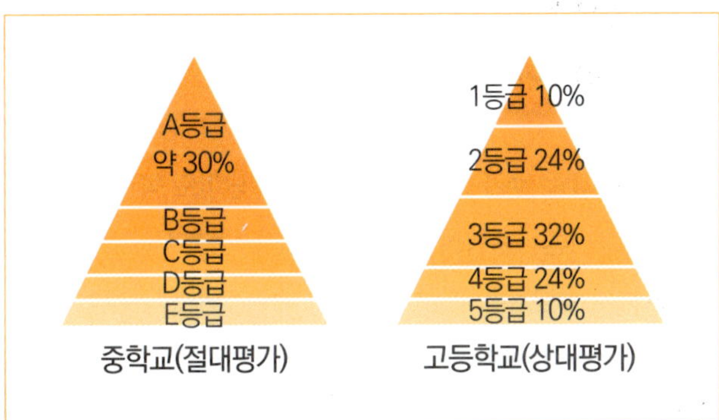

중학교에서 A등급을 받던 학생들이 고등학교 진학 후 성적이 하락하는 사례는 매우 빈번하게 관찰된다. 이는 단순한 노력 부족의 문제가 아니라, 교육체계의 구조적 변화에 적응하지 못하고 부적합한 학습 전략을 세움으로써 비롯된 현상이다. 중학교 성취도는 절대평가여서 A성취 학생의 비율이 적을 때는 10%에서 많을 때는 40%를 넘기기도 한다. 그러나 고등학교에서는 상대평가로 등급을 결정하므로 중학교 때 A를 받았던 학생이 1등급(10%)을 받을 거라고 기대하다가 3,4등급을 받는 경우가 적지 않다. 즉 단순한 성취 기준이 아니라 **집단 내 경쟁에서의 우위를 요구하는 상대평가 방식**이라서 중학교에서 상위권이었던 학생이 등급 하락을 경험할 수밖에 없는 구조다.

가는 길이 달라졌다면, 걸음도 바뀌어야 한다

중학교 시험은 주로 교과서 기반의 단답형 문제와 암기형 문항으로 구성되어 있다. 그러나 고등학교에서는 복합 지문 분석, 서술형 문항, 응용문제 등 사고력과 문제 해결 능력을 요구하는 문항이 대폭 증가한다.

특히 국어 수학 영어 과목에서는 단순한 정답 도출이 아닌 풀이 과정의 논리성과 개념의 응용력이 평가의 핵심이 된다. 서술형과 수행평가의 비중이 크게 확대되면서 학생의 단순 지식 습득을 넘어선 사고력, 문제 해결 능력, 그리고 표현력까지 요구하며, 이는 특히 쓰기 역량으로 발현된다.

고등학교는 과목 수가 증가하고 각 과목의 난이도 역시 중학교에 비해 월등히 높다. 수행평가 서술형 문항, 수능형 내신 등 다양한 평가 요소가 결합되며, 단순한 공부량 증가뿐 아니라 **학습의 질적 전환**이 요구된다. 중학교식 공부법을 그대로 유지할 경우, 고등학교 성적은 하락할 수밖에 없다.

고등학교는 진로에 따라 과목 선택과 학습 전략이 달라지는 시기이다.
따라서 진로가 명확하지 않은 경우, 학습의 방향성과 동기가 약화될 수 있다. 특히 목표 대학이나 학과에 대한 정보 부족은 **전략적 학습의 부재**로 이어진다.

구분	중학교	고등학교(2022 개정 교육과정 이후)
평가 방식	**절대평가**: 성취기준에따라A~E 등급부여 전체 학생 중 일정 기준 이상이면 모두 A 가능	상대평가 (5등급제) **'남들보다 더 잘해야' 상위 등급 가능**
성적 반영	성취도는 학교생활기록부에 기록되지만, 고등학교 진학 시 큰 영향 없음	모든 과목의 성취도 및 학점이 **학교생활기록부에 기록되어** 대학 입시에 직접 반영됨
과목 선택	교육청이 정한 필수 교과 위주로 수강 선택권 거의 없음	**고교학점제 도입**으로 진로에 따라 **과목 선택**
평가 유형	지필평가(객관식중심) + 수행평가(발표, 실험 등). 비교적 단순한 평가	**서술형·논술형 확대, 프로젝트형 수행평가, 포트폴리오 평가 등 다양화**
학점 취득 기준	출석률 2/3 이상 + 성취율 40% 이상이면 과목 이수 가능	동일 기준 적용. 단, 성취율 미달 시 학점 미취득 → 졸업 요건 미달 가능성 있음
학습 난이도	교과서 중심, 기초·기본 개념 위주	심화·융합형 내용 포함
진로 연계성	진로 탐색 활동은 있으나 교과와 직접 연계 되지는 않음	진로에 따라 과목 선택
학습 태도 요구	교사 주도 학습, 수동적 참여가 많음	자기주도 학습 필수. 과목 선택, 과제 수행, 발표 등 **능동적 참여** 요구됨

중학교 1학년 1학기에는 대부분 자유학기제를 운영하며 시험이 없다. 시험이 없으니 공부할 이유를 느끼지 못하고 흥미 중심의 활동에만 집중하게 되는 경우가 많다. 교과서에 나오는 개념어나 한자어가 어렵게 느껴져서 학생들은 자습서나 프린트만 외우는 방식으로 공부한다. 개념을 이해하지 않고 암기만 하다 보니 어려운 내용을 피하게 되고 쉬운 것만 반복하게 되는 것이다.

쉬운 공부가 갖는 문제점을 수학 과목으로 찾아보자.

전국 중학생들은 수학을 가장 어려워하고 있으며, 국내 대형학원이 학교알리미에 공시된 전국 중학교 3,277곳의 24년 1학기 교과별 학업 성취를 분석한 결과, 주요 과목 중 수학은 E등급(60점 미만) 비율이 35.2%로 높게 나타나, 사실상 '포기 수준'의 학생이 가장 많은 과목으로 꼽혔다. 내신 60점 미만의 이른바 수포자(수학을 포기한 사람)가 3명 중 1명꼴에 달해, 그 비율이 영어, 과학, 사회, 국어에 비해 월등히 높다.

[전국 중학교 학교내신 성적분석] E등급 비율(60점 미만)

과목	비율	
수학	35.2%	• 2024년, 2023년 9월말 학교 알리미
영어	29.6%	공시 자료 분석
과학	29.3%	• 2023년 3,267개, 2024년 3,277개
사회	21.9%	중학교 1학기 성적 기준
국어	18.0%	• 3개 학년 평균 기준

중학교 수학과 고등학교 수학 사이에서 학생들이 가장 크게 체감하는 차이는 연산량의 증가다.

특히 2022 개정 교육과정에서는 '논·서술형 평가 확대'를 핵심 방향으로 제시하고 있어, 단순한 계산 능력뿐 아니라 수학적 개념의 이해와 적용 능력이 더욱 중요해졌다. 이에 따라 문제를 해결하려

면 식을 세우는 논리적 사고와 정확한 연산력은 기본으로 갖춰야 하며, 각 문제에 사용된 개념이 무엇인지, 어떻게 적용되는지를 끊임없이 고민하고 점검하는 학습 태도까지 길러야 한다.

2022 개정 교육과정에서 고등학교 1학년 수학인 '공통수학Ⅰ'과 '공통수학Ⅱ'는 고등수학 학습의 기반이 되는 과목으로 그 중요성이 커졌다. 이 과목들의 성취도가 낮을 경우, 이후 고등수학 전반에 대한 학습 동기가 저하되고 내신 관리에 어려움을 겪을 수 있다. 2022 개정 교육과정에서 고등학교 수학 교과는 학생의 적성과 진로 등에 따른 '실용 통계', '수학과 문화', '직무 수학' 등 다양한 선택과목을 신설했고, '수와 연산', '변화와 관계', '도형과 측정', '자료와 가능성' 4개 영역으로 통합·제시하고 있다. 특히 공통과목에서 '공통수학Ⅰ, Ⅱ', '기본수학Ⅰ, Ⅱ'가 편제되었다. 이러한 구조 속에서 중학생이 쉬운 공부만 반복할 경우, 수학의 핵심 개념에 대한 이해 부족이 불러올 결과는 뻔하다.

[2022 개정교육과정 '고등학교 수학' 과목 구조]

공통과목	선택과목		
	일반선택과목	진로선택과목	융합선택과목
공통수학Ⅰ, 공통수학Ⅱ	대수, 미적분, 확률과 통계	미적분Ⅱ, 기하, 경제 수학, 인공지능 수학, 직무 수학	수학과 문화, 실용 통계, 수학과제 탐구
기본수학Ⅰ, 기본수학Ⅱ		전문 수학, 이산 수학, 고급 대수, 고급 미적분, 고급 기하	

2028학년도 대입제도 개편으로 문·이과 구분 없이 통합사회와 통합과학을 모두 시험 봐야 하는 수험생에게 과학은 상위권을 변별하는 핵심 과목이 될 수 있다는 점도 기억해야 한다. 과학 과목은 주요 5개 과목 중 중학교 A등급 비율이 가장 낮고, 평균 점수 역시 수학 다음으로 낮게 형성되어 있다. 따라서 상위권 학생 그룹에게는 부담과 변별력을 동시에 갖는 과목이 될 가능성이 크다.

전국중학교 학교내신 성적분석
A등급비율(90점이상)

영어	30.4%
사회	27.7%
국어	26.3%
수학	25.4%
과학	24.3%

• 학교 알리미 공시 자료 분석 (2024년, 2023년 9월말)
• 2023년, 2024년 3천개 이상 중학교 1학기 성적 기준
• 3개 학년 평균 기준

기억과 이해는 학습의 핵심이다

과학기술이 지금처럼 발전하기 전 의사들은 온전히 자신의 경험에 근거한 판단으로 환자를 치료할 수밖에 없었다. 그러나 지금은 그렇게 환자를 치료하는 의사는 없을 것이다. 마찬가지로 학부모들도 과거 자신의 개인적 경험과 판단에 의존해 우리의 자녀에게 영향을 미치는 일은 없길 바란다.

이런 이야기도 자주 듣게 된다.

- 떠도는 이야기 1: 정보에 쉽게 접근할 수 있는 시대에 살고 있으므로 우리 아이들은 사실적 지식을 굳이 배울 필요가 없다. 그 대신 비판적 사고력을 키우는 데 집중해야 한다.
  - → 그러나 충분한 배경지식 없이 비판적 사고력을 발휘하는 것은 불가능하다. 배경지식이 있어야 논리적 사고와 문제 해결이 가능 하다.
- 떠도는 이야기 2: 학생들이 어려운 문제를 스스로 해결하는 발견 학습을 할 때, 학습 효과가 극대화된다.
  - → 그러나 발견 학습이나 탐구 학습은 중·하위권 학생들에게는 오히려 학습 효과를 저해할 수 있다. 이는 결국 교육 격차를 더욱 심화시킬 수도 있다.

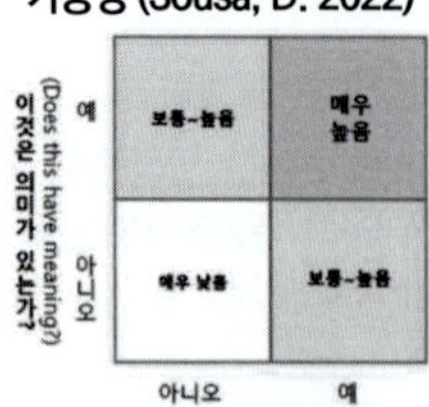

기억 저장을 위한 조건과 가능성 (Sousa, D. 2022)

기억과 이해는 학습의 핵심이다. 학습은 장기 기억이 변화하는 과정이다. 새로운 지식을 장기 기억으로 정착시키려면 반복, 맥락화, 심층적 처리가 필수적이다. 단순한 이해를 넘어, 학습 내용을 적극적으로 활용하고 기존 지식과 연결할 때 더욱 깊이 있는 학습이 이루어진다. **'깊이 생각한 것만 기억된다'**라는 말은 학습과 기억 형성의 핵심 원리를 강조한다. 단순히 정보를 보고 듣는 것만으로는 장기 기억에 저장되지 않으며, 이를 적극적으로 사고하고 연결 지어야 효과적으로 기억할 수 있다는 것이다. 그리고 개인차를 고려한 맞춤형 학습이 필요하다. 학생마다 인지 스타일, 배경지식, 학습 속도가 다르므로 학생에 맞춰 조정할 필요가 있다.

스스로 하는 떠올리기 연습

시험과 평가에 대한 감정은 일반적으로 부정적이다. 시험은 긴장과 평가 실패의 가능성 등이 먼저 연상되기 때문일 것이다. 교육 현장에서 대부분 시험은 입시와 순위가 결정되는 고부담 평가일 수밖에 없다. 따라서 시험 평가가 학습에 도움이 된다는 주장은 벽에 부딪히게 된다.

떠올리기 연습의 힘을 믿어보자. 학생이 **배운 내용을 스스로 문제를 내고 풀어보는 자기 문제 풀이는 단순한 복습보다 훨씬 효과적**이다. 머릿속에서 정보를 꺼내 답을 찾는 과정에서 기억을 강화하고 자신의 이해 수준을 스스로 점검하는 메타인지 능력도 길러준다.

다음과 같은 방법들을 살펴보자.

- 빈 노트에 요약하기: 강의나 책 내용을 본인의 언어로 요약해 보되 절대 참고 자료를 보지 않는다.
- 스스로 문제 만들기와 답변하기: 학생 스스로 퀴즈 문제를 만들어보고 그에 대한 정답과 이유까지 작성하는 활동이다.

예를 들어 '광합성이 일어나는 세포 소기관은?'이라는 문제를 만들었다면, 그에 대한 답으로 '엽록체'만 적는 것이 아니라, '왜 엽록체인가?', '광합성과 엽록체의 관계는?'까지 서술해 보도록 하는 것이다. 학생들이 단순히 시험을 준비하는 입장이 아니라 직접 시험 문제를 만들어보는 경험을 할 때 진정한 학습이 시작된다. 문제를 출제하려면 개념을 깊이 이해하고 핵심을 짚어내며 다른 사람의 입장에서 사고해야 하기 때문이다. 이런 연습은 단순한 암기를 넘어 사고력과 창의력을 기르는 데 큰 도움이 된다.

특히 중학교는 비교적 시간적 여유가 있어서 다양한 시도를 통해 자신만의 학습 스타일을 찾아가기 좋은 시기다. 이 시기에 학생들이 스스로 질문을 만들고 답을 고민하며 학습의 주체가 되는 경험을 쌓는다면 그 어떤 수업보다도 깊이 있는 배움이 일어날 수 있다.

#준비

목차적기

- 대단원, 소단원 등 목차명 쓰기
- 단원별로 어떤 내용을 배웠는지 확인하는 단계

#실행

아는 대로 적기

- 기억나지 않은 부분은 빈칸으로 남겨두기
- 복잡한 내용을 쉽고 간결하게 정리하는 단계

오늘날 많은 부모는 명령하고 훈육하는 방식 대신 공감과 대화, 감정 코칭을 실천하며 좋은 부모가 되려고 노력한다.

아이에게 화를 내고 야단친 뒤 죄책감에 빠지거나 친절하지 못했던 자신을 부끄러워하는 경우도 많다. 그러나 이 다정함의 이면에는 아이의 모든 감정을 관리해야 한다는 압박이 숨어 있다. 아이가 실망하면 빠르게 회복시켜야 하고 갈등이 생기면 즉시 중재해야 하며 불편함을 느끼면 곧장 제거해 주어야 한다는 부담이다.

이러한 마음은 소중한 내 아이를 지키고자 하는 선한 의도에서 비롯되지만, 어느 순간부터는 부모가 아이의 삶 깊숙이 개입하는 방식으로 바뀌게 된다. 그 결과 의도치 않게 아이의 자율성을 약화시키고 실행력은 부족한 세대를 만들어 내는 것은 아닐까. 아이들은 하고 싶은 것이 많다고 말하지만, 우리가 만난 아이들은 그 일을 해내기 위한 고된 과정과 불편함을 견디지 못하는 경우가 많다.

심리학자나 교수들은 이러한 현상을 '정서적 비만'이라고 설명한다. 감정과 욕구는 넘치지만, 그것을 조절하고 목표를 끝까지 수행하는 힘은 부족한 상태를 뜻한다. 생각은 초거대 AI처럼 빠르게 확장되지만, 행동은 그 속도를 따라가지 못한다. 삶으로 옮기는 근육은 충분히 단련되지 못한 것이다.

아이에게 다시 묻는 일이 필요하다.
"너는 스스로 해볼 준비가 되었니?"라는 질문은 단순한 확인이 아니라, 아이의 자율성과 실행력을 키우기 위한 출발점이 된다.

학부모이자 입시 컨설턴트로서 이 질문을 아이와 함께 나누며 학습과 성장의 방향을 함께 고민해 왔다. 이 글은 먼 미래가 아닌, 예측 가능한 바로 다음 단계를 입시의 관점에서 미리 생각하고 준비할 수 있도록 돕는 작은 지침이 되길 바란다.

스스로 해볼 준비가 되었니?

주도적인 진로 설계가 곧 미래 경쟁력!

Prologue. 인공지능 시대, 진로 설계는 생존 전략이다

1. 왜 지금 진로를 설계해야 할까?

2. 2022 개정 교육과정 목표는 역량 중심 인재 양성

3. 초·중·고 생애주기별 진로 교육 로드맵

4. 관심사로 전공을 정하는 법

5. 인공지능 시대에 맞는 진로 교육

[부모 실천 사례] 일상의 힘이 학습을 이끈다

Prologue.
인공지능 시대, 진로 설계는 생존 전략이다

AI가 인간의 지적 노동을 대체하는 인공지능 시대에서의 **'진로 설계'란** 단순히 직업을 정하는 수준이 아니라, **개인의 생존력과 대체 불가능성을 결정짓는 인생의 핵심 요소**가 된다.

이제는 '너는 어떤 직업을 가지고 싶니?'라고 질문을 던지기보다 '너는 어떤 문제를 해결하며, 어떤 가치를 만들어 가는 사람이 되고 싶니?'라고 물어야 할 때가 왔다. 이런 깊은 문제에 대해 고민하는 과정에서 아이들은 자신을 돌아보고 자신만의 삶의 가치에 대해 근본적인 물음을 던지게 된다.

따라서 2022 개정 교육과정 수업안에서 자기주도적으로 자신의 진로를 구체화해 나가는 진로 설계 과정은 대입을 넘어 아이가 생존 전략을 찾아내고 자신만의 진로를 만들어 나가는 데도 도움이 될 것이다.

대학은 스스로 자신이 걸어갈 길을 찾은 준비된 인재를 선별하고자 한다.
'AI에 대체되지 않을 창의적인 인재'는 자신만의 방향성과 대체 불가능한 역량을 가진 학생이다. 이를 위해 고등학교에서의 진로 설계 과정을 자신의 생존 전략을 찾는 마중물이자, 자기 주도적인 학습 역량을 증명하는 기회로 삼는다면 대입에서 유리한 결과를 기대할 수 있다.

교육의 목표는 학생들이 정서적으로나 경제적으로 독립하고 자립하도록 하는 것이다. '교육의 위대한 목표는 앎이 아니라 행동이다.(The great aim of education is not knowledge but action.)'라는 허버트 스펜서(Herbert Spencer)의 말처럼 이 시대의 진정한 교육은 행동을 선택하고 변화시키는 주도성을 기르도록 돕는 데 있다고 본다.

학생들은 진로를 설계해 나가는 과정에서 주도성이 생기고, 행동이 바뀌게 된다. 따라서 주도성을 갖게 하려면 교과 학습에서 배우는 다양한 개념 중 자신의 진로나 관심사를 찾아보도록 하는 경험을 하게 해야 한다.

또한, 이러한 경험 속에서 추상화된 개념과 이론이 실생활과 어떻게 연계되고 활용되는지를 탐구하다 보면, 맥락을 통해 교과서 속 개념을 더 명확하게 이해하게 된다. 그래서 2022 개정 교육과정은 삶과 연계된 학습을 교육과정 전반에 반영하고 있다. 단순히 지식을 암기하는 인재보다 AI가 대체할 수 없는 창의적 인재를 양성하기 위한 교육과정으로 변화하고 있다. 급변하는 기술에 적응하고 그 이상의 새로운 기술을 만들어낼 수 있는 인재를 양성하기 위해서는, 결국 이론보다 경험 중심의 교육이 더 필요함을 보여준다.

특히 2022 개정 교육과정은 학생의 과목 선택권과 학습 주도권을 확대하여, 자기주도적 학습 역량을 갖춘 인재 양성을 핵심 목표로 두고 있다. 아이들은 이러한 환경 변화에 맞춰 자기 길을 스스로 찾아 준비해 나가며 성장해야 한다. 자기주도적 학습과 경험을 바탕으로 대체 불가능한 나만의 경쟁력과 생존 전략을 찾아야 한다.

AI로 인한 채용 시장의 변화

과거에는 명문대 졸업장이 취업의 보증수표였고, 대기업 취업이 성공한 안정적인 삶을 보장했지만, 이제는 시대가 바뀌었다. 특히 생성형 AI의 발전으로 소수의 인원이 더 많은 일을 해내게 되면서 일자리 자체가 줄어드는 상황이다. 또한 최근 기업들은 신입에게도 경력자처럼 수준 높은 직무 지식과 실무 경험을 요구하고 있다. 이제 기업은 학벌보다 실질적인 직무 역량과 조직 적응력을 갖춘 인재를 선호한다.

대학 교육의 변화

대학들도 기술과 채용시장의 변화에 맞춰 커리큘럼을 재편하고, 다양한 융합형 전공을 개설하고 있다. 기업과 연계된 계약학과나 첨단학과가 늘어나는 것이 그 증거이다.
또한, 대학은 기업 현장에서 바로 투입할 수 있는 인재를 키우기 위해서 커리큘럼에 기업의 요구사항을 반영하고 있다.

예를 들어, 고려대학교 반도체공학과는 SK하이닉스에서 필요로 하는 지식과 기술, 경험 등을 쌓도록 지도한다. 이제 우리 학생들은 '어느 대학을 갈 것인가'보다 '어떤 분야에서 어떤 일을 하며 살 것인가'를 고민하면서 입시를 준비해야 한다.

물론 자유전공과 무전공 학과들에 입학해 다양한 전공을 탐색하고 자신에게 맞는 전공을 찾아갈 수도 있겠지만, 이것은 자신의 진로에 대한 고민을 대학 이후로 잠깐 미루는 것일 뿐이다. 정시 수능전형에서 학생부를 반영하는 학교가 늘어나고 있는 2028년 이후 입시를 위해서도 결코 유리하지 않다.

진로 설계가 곧 성적이 되는 교육

2022 개정 교육과정과 고교학점제의 핵심은 진로에 따라 과목을 선택하는 데 있다. 이제 학생들은 자신의 진로 방향에 맞춰 배울 과목을 스스로 설계해야 한다. 특히, 이공계열은 전공에서 요구하는 핵심 과목을 이수하지 않으면 대입 평가에서 불이익을 받을 수 있으므로 더 신중을 기해야 한다.

모집단위	변경(2022 개정 교육과정)			
	핵심과목		권장과목	
	수학	과학	수학	과학
원자력공학과 신소재공학과	대수, 미적분I 확률과 통계 미적분II, 기하	물리학, 화학 물질과 에너지 역학과 에너지		전자기와 양자 화학 반응의 세계
화학공학과	대수, 미적분I 확률과 통계 미적분II	물리학, 화학 물질과 에너지 화학 반응의 세계	기하	역학과 에너지 전자기와양자
한의예과 치의예과	대수, 미적분I 확률과 통계 미적분II	화학, 생명과학 세포와 물질대사 생물의 유전		물리학 물질과 에너지 화학 반응의 세계
의예과	대수, 미적분I 확률과 통계 미적분II	화학, 생명과학 물질과 에너지 화학 반응의 세계 세포와 물질대사 생물의 유전		물리학
미래정보디스플레이학부 생체의공학과 전자공학과 반도체공학과	대수, 미적분I 확률과 통계 미적분II, 기하	물리학, 화학 역학과 에너지 전자기와 양자		
건축공학과 사회기반시스템공학과	대수, 미적분I 확률과 통계 미적분II, 기하	물리학	기하	

모집단위	변경(2022 개정 교육과정)			
	핵심과목		권장과목	
	수학	과학	수학	과학
건축학과	대수, 미적분I **확률과 통계**		미적분II 기하	물리학
화학과 응용화학과	대수, 미적분I **확률과 통계** 미적분II	화학 **물질과 에너지** **화학 반응의 세계**	기하	물리학 생명과학 **역학과 에너지** **전자기와 양자**

*출처 : 2028 경희대학교자연계열 전공 학문 분야별 고등학교 교과 이수 권장 과목 안내_일부

평가의 패러다임이 바뀌고 있다.

2022 개정 교육과정은 급변하는 미래 사회에 대응하기 위해 '포용성과 창의성을 갖춘 주도적인 사람'을 육성하는 것을 목표로 한다.

이제는 이미 존재하는 지식을 습득하는 것보다, 쏟아지는 정보 속에서 의미 있는 문제를 스스로 발견하고, 이를 창의적으로 해결하는 능력이 생존의 필수 조건이 되었다._이러한 시대적 요구에 부응하여 **2022 개정 교육과정은 '학생중심 교육과정', '과정중심 교육과정' 수업을 강화**하고 있다. 학생의 학습 주도권과 과목 선택권이 확장되었고 학습 과정에서의 학생의 성과와 태도 모두 평가대상이 된다.

특히 2022 개정 교육과정은 자기주도적·협력적·더불어 사는·교양 있는 인재를 제시하고 있으며, 이 인재상이 채용시장에서 요구하는 직무핏·조직핏·컬처핏과 유사하다는 점에서 시대적 흐름을 잘 반영했다고 본다.

교육과정의 6대 핵심역량과 서울대학교 인재선발 평가역량은 물론 대부분 학교의 평가 기준 또한 2022 개정 교육과정의 인재상과 다르지 않다.

고교, 대학, 사회에서 평가하는 인재상의 공통된 핵심은 '자기주도성에 기반한 창의성'과 '공동체 역량'이라고 할 수 있다.

[2022 개정 교육과정의 6대 핵심역량]

1) 자기관리 역량 : 자아정체성과 자신감을 바탕으로 삶과 진로를 스스로 설계하고 필요한 기초 능력·자질을 갖추는 역량
2) 지식정보처리 역량 : 다양한 지식·정보를 깊이 이해하고 비판적으로 탐구·활용하는 역량
3) 창의적 사고 역량 : 기초지식을 바탕으로 지식·기술·경험을 융합해 새로운 것을 창출하는 역량
4) 심미적 감성 역량 : 공감·문화적 감수성을 바탕으로 삶의 의미와 가치를 성찰·향유하는 역량
5) 협력적 소통 역량 : 존중·경청과 효과적 표현을 통해 상호협력 관계에서 공동의 목적을 구현하는 역량
6) 공동체 역량 : 지역·국가·세계 공동체의 구성원으로서 개방·포용적 가치로 지속가능한 발전에 책임감 있게 참여하는 역량

*출처 : 2027학년도 대입정보 119

| 5개 대학(건국대, 경희대, 연세대, 중앙대, 한국외국어대) 공동연구 (2022.2.) |

평가요소	평가항목에 따른 세부 내용	
학업역량 - 대학교육을 충실히 이수하는 데 필요한 수학 능력	학업성취도	• 고교 교육과정에서 이수한 교과의 성취수준이나 학업 발전의 정도
	학업태도	• 학업을 수행하고 학습해 나가려는 의지와 노력
	탐구력	• 지적 호기심을 바탕으로 사물과 현상에 대해 탐구하고, 문제를 해결하려는 노력
진로역량 - 자신의 진로와 전공(계열)에 관한 탐색 노력과 준비 정도	전공(계열) 관련 교과 이수 노력	• 고교 교육과정에서 전공(계열)에 필요한 과목을 선택하여 이수한 정도
	전공(계열) 관련 교과 성취도	• 고교 교육과정에서 전공(계열)에 필요한 과목을 수강하고 취득한 학업 성취 수준
	진로 탐색 활동과 경험	• 자신의 진로를 탐색하는 과정에서 이루어진 활동의 경험 및 노력 정도
공동체역량 - 공동체의 일원으로서 갖춰야 할 바람직한 사고와 행동	협업과 소통능력	• 공동체의 목표를 달성하기 위해 협력하며, 구성원들과 합리적인 의사 소통을 할 수 있는 능력
	나눔과 배려	• 상대를 존중하고 이해하여 원만한 관계를 형성하며, 타인을 위하여 기꺼이 나누어 주고자 하는 태도와 행동
	성실성과 규칙준수	• 책임감을 바탕으로 자신의 의무를 다하고, 공동체의 기본 윤리와 원칙을 준수하는 태도
	리더십	• 공동체의 목표 달성을 위해 구성원의 상호작용을 이끌어가는 능력

*출처 : 2027학년도 대입정보 119

진로(進路)는 단순히 직업을 찾는 것이 목적이 아니라 인생을 살아가기 위한 방향과 목표를 세우는 과정이다. 따라서 2022 개정 교육과정의 진로 교육은 이제 선택이 아닌 독립을 위한 '생존 전략'이 되었다고 본다.

진로 선택 고민은 방향을 찾아 탐색하고 경험하게 만들며, 잘못된 길이라는 판단이 들었을 때 수정해 나갈 수 있는 결단력과 주도성을 갖게 만들 수 있다.

초등 진로 교육 : 학습 동기를 스스로 발견하는 교육

몰입의 경험이 만드는 자기주도적 학습 습관

아이들이 공부할 때 느끼는 감정이 즐겁다면 더 깊은 학습으로 나아가고자 한다. 학습 동기가 생겨나면 수준 높은 질문들을 쏟아내며 꼬리에 꼬리를 무는 탐구로 확장된다.

즉, 공부의 목적이 성적이 아닌 궁금함이 될 때, 아이는 스스로 움직인다. 우연히 들었던 강의가 인생을 바꾸는 연구 주제가 되기도 하고, 선생님의 칭찬이 가수나 개그맨의 꿈을 키우는 자극제가 되기도 한다. 심리학자 알버트 반두라(Albert Bandura)에 따르면 '할 수 있다'는 믿음인 자기효능감은 성공적인 경험과 긍정적인 피드백에서 비롯된다고 한다.

초등 시기의 즐거운 탐구 경험은 뇌의 보상 체계를 활성화해 자기주도적 학습 습관을 형성하게 된다. 이렇게 아이들이 몰입하는 순간을 포착하여 '너는 이런 내용 책을 읽을 때 시간이 가는 줄도 모르고 집중하는 것 같아' 처럼 구체적인 피드백을 주어 아이가 자신의 강점을 객관화하고 알아차리도록 해야 한다. 아이가 자신에 대해 긍정 정서와 효능감을 느끼면 공부 습관은 자연적으로 따라오게 된다.

부모는 특히 아이의 재능을 발견하고 관찰하여 기록해 놓는 노력이 필요하다. 주변의 사람들로부터 아이가 재능을 인정받게 되면 스스로 공부하는 습관이 생길 것이며 끊임없는 질문 속에서 자신의 문제와 궁금증을 해결하려고 할 것이다. 이때 부모는 아이의 호기심을 학습 습관, 공부 습관, 독서 습관으로 연결되도록 도와줘야 한다. 아이가 몰입을 통해 학습의 깊이를 더하고, 나아가 배움을 놀이처럼 여긴다면 스스로 공부하는 학습 습관을 갖게 될 것이다.

창의적 융합 역량을 키우는 다양한 경험이 중요

과거의 진로 교육이 의사, 변호사 같은 특정 직업군을 목표로 삼았다면, 미래의 진로 교육은 어떤 문제를 해결하고 싶은가에 집중해야 한다. 미래학자들에 따르면 현재 초등학생들의 약 65%는 지금 존재하지 않는 직업을 갖게 된다고 한다. 따라서 초등 시기에는 '나는 어떤 상황에서 즐거움을 느끼는가?', '나는 어떤 과목을 좋아하는가?' '나는 어떤 도구를 능숙하게 다루는가?' 등 자신의 강점을 발견하고 세상에 대한 호기심을 찾도록 해야 한다. 그래서 다양한 분야에 대한 배경지식을 체험 중심, 놀이 중심으로 경험하며 호기심을 찾고, 자신의 강점을 발견할 수 있도록 부모는 좋은 자극을 제공해야 한다. 창의력은 무(無)에서 유(有)를 만드는 것이 아니라, 서로 다른 지식의 조각들을 연결하는 힘이다. 배경지식이 많을수록 새로운 정보를 더 빨리 수용하고 깊게 이해하게 된다. 즉, 뉴스, 미디어, AI 활용, 공연, 미술관, 박물관, 여행 등의 경험은 아이의 뇌 속에 수많은 연결 '지식의 노드(Node)'를 형성하게 한다. **'지식의 노드'란** 단순히 외워야 할 정보의 양이 아니라, **다른 분야와 결합하여 새로운 가치를 창출할 수 있는 핵심 거점**이다. 또한 세상의 변화와 트렌드를 읽어내며 탐색하도록 기회를 줘야 하며, 경험한 것에서 끝나지 않고 여러 경험을 통합해 생각해 보는 융합적인 활동도 제공해야 한다. 예를 들어, 박물관에서 봤던 '말'을 레고로 만들어 보거나, 여행지에서 봤던 아름다운 성을 그림으로 그리고 이야기를 만들어 보는 등 경험을 통해 새로운 생각들과 관점들을 적용해 보도록 도와야 한다. 부모가 다음과 같은 질문들을 던진다면 고등학교에서 수행할 '심화탐구 역량'을 발현시키는 데도 도움이 될 것이다.

단계	질문 유형	탐구 질문 사례
1단계	사실 확인 및 관찰 질문	"오늘 본 것 중에 가장 기억에 남는 장면은 뭐야?" "그것은 어떤 모양, 구조, 특징을 가지고 있었어?"
2단계	원리와 이유 탐색 질문	"왜 그런 결과가 나왔을까?" "그 원리가 우리 주변의 다른 곳에도 적용된 적이 있을까?"
3단계	비판적 사고 및 융합 질문	"만약 ~가 없다면 어떤 일이 벌어질까?" "우리가 배운 AI 기술을 여기에 접목한다면 어떤 새로운 것이 만들어질까?" "이 문제를 해결하기 위해 수학(또는 과학, 예술) 지식을 어떻게 활용할 수 있을까?"
4단계	자기 객관화 및 메타인지 질문	"이 활동을 하면서 가장 재미있었던(또는 어려웠던) 부분은 어디야?" "더 알고 싶은 궁금증이 생겼어? 그걸 알기 위해선 어떤 책이나 영상을 찾아보면 좋을까?"

사춘기 아이의 '주도권'을 살리는 진로 교육

많은 부모가 중등 시기 사춘기를 '위기'로 보지만, 진로 교육 측면에서는 자아정체성이 확립되는 절호의 기회이다. 발달심리학자 에릭 에릭슨(Erik Erikson)에 따르면 청소년기는 '자아정체성 대 역할 혼란'의 시기로, 이 시기의 의문과 거부는 타인이 정해 준 길이 아닌, '나만의 길'을 찾겠다는 본능적인 신호라고 한다.

즉, 부모의 지시가 먹히지 않는 이유는 아이의 내면에 주도권이 생겼기 때문이다. 이때 아이들의 주도권을 존중하며 아이가 몰입하는 영역을 찾아주고 적절한 코칭을 통해 더 깊이 탐구해 보는 학습 경험을 제공해야 한다.

예를 들어, 아이가 게임에 몰입하고 있다면, 게임과 관련된 프로그래밍이나 시스템 설계에 궁금증을 갖도록 관심을 확장 시킬 수도 있고, 게임의 스토리를 직접 만들어 보거나, 게임을 기획해 볼 수 있도록 유도할 수도 있다. 즉, 아이의 호기심과 에너지를 생산적인 탐구력으로 전환하는 코칭을 해줘야 한다.

고교 선택과 교육과정 설계

2022 개정 교육과정은 학생의 선택이 곧 대입 경쟁력이 되는 구조이다. 따라서 중학교는 자신의 학습 성향에 맞는 최적의 환경을 갖춘 고등학교를 잘 선택해야 하는 매우 중요한 시기이다. 고교 유형별 커리큘럼 분석을 통해 일반고, 특목고, 자사고를 비교하며 아이의 진로가 자연계열인지, 인문계열인지와 심화 과목, 학교 특색활동 개설 현황을 꼼꼼히 살피고 고등학교를 선택해야 한다. 입시 결과가 좋은 학교라고 무작정 선택했다가는 3년간 대입의 과정이 고통스러울 수 있기에 아이에게 맞는 학교를 선택하는 것이 매우 중요하다.

서울시 서초구의 OO여고를 예를 들면 고등학교 1학년 1학기 때 공통수학 전 과정을 끝내고, 2학기에는 대수와 확률과 통계를 듣도록 커리큘럼을 운영하고 있다. 이처럼 고급 대수, 고급 미적분, 고급 기하 등 심화 선택권이 넓은 학교에서 이공계열을 희망한다면, 단순히 과목을 듣는 것을 넘어 우수한 성취도를 증명해야 하기에 수학, 과학 선행 학습은 입학 전 필수 조건이 되어야 한다. 실제로 과학중점학교에서는 선행 없이 과학 4과목을 동시에 이수하다 과도한 학습 부담에 전학을 고민하는 사례도 나오고 있다. 결국 특목고뿐만 아니라 일반고를 진학하려는 학생들에게도 빠른 진로 결정은 고교 선택의 기준이 될 수 있으며 고교 대비를 위해 입학 전에 할 수 있는 가장 강력한 경쟁력이 될 수 있다.

특히 일반고 상위권 학생들은 특목고 수준의 심화 탐구력을 증명해야 대학 입시에서 경쟁력을 가질 수 있다. 또한 중하위권 대학일수록 진로역량을 매우 높게 평가하는데, 이는 전공에 대한 관심이 곧 성실함과 자기주도성을 보여주기 때문이다. 대학은 진로 역량을 통해 학생이 입학 후 보여줄 학업 의지와 성장 가능성을 평가하는 것이다.

또한 진로가 정해지지 않고, 탐구활동에 대한 연습이 되어있지 않은 상태에서 고등학교에 올라가면 쏟아지는 수행평가들과 개인 주제탐구, 과목 선택 등 선택할 것이 너무 많아 혼란과 어려움을 겪을 수 있다. 따라서 중학교 수행평가를 고등학교 진학을 위해 탐구력을 미리 연습하는 과정으로 활용하면 좋을 것이다. 학생의 관심사를 국어, 수학, 영어 교과와 연계해 탐구를 진행해 볼 수 있도록 안내해야 한다.

2022 개정 교육과정에서의 입시는 진로나 관심사 위주로 주제를 선택하는 수행평가가 진행되기에 진로와 계열(전공)을 정하고 준비하는 것이 매우 유리하다. 또한 고등학교 입학 전에 평소 궁금했던 점을 교과 개념과 연결해 질문해 보고, 도서, 논문, 미디어 자료 등을 찾아보는 연습도 해봐야 한다.

2022 개정 교육과정 평가의 핵심은 자기주도적으로 문제를 해결하는 사람이다. 고등학교에 올라가서 갑자기 보고서를 쓰고 토론을 잘할 수는 없다. 자신의 관심사나 진로에 대해 고민하고, 심화 탐구 보고서를 작성하는 연습을 해 두면 고등학교 입학 후 평가 부담을 줄이고 대입 준비의 효율을 높일 수 있다. 다음의 체크리스트를 통해 현명한 중학교 시기에 필요한 진로 코칭을 점검해 보자.

단계	내용	중등 진로 코칭 핵심 체크리스트
1단계	심리	아이의 독립적 행동을 진로 탐색의 기회로 인정하고 있는가?
2단계	탐색	관심사(예: 게임, 유튜브, 웹툰)를 학문적 영역(기획, 데이터, 심리)으로 확장해 주었는가?
3단계	실전	고등학교 교육과정 편제표를 아이와 함께 분석해 보았는가?
4단계	훈련	독서 및 수행평가 시 교과 지식과 개인의 관심사를 연결하는 연습을 하고 있는가?

내신 1.0도 불합격하는 평가 패러다임의 변화

이제 대입은 단순히 점수로 줄을 세우지 않는다. 대학은 이제 공부만 잘하는 학생을 원하지 않으며 학종 공통 평가 요소는 전공 적합성에서 진로 역량으로 확장되었다. 이는 자신의 진로 목표를 위해 얼마나 주도적으로 폭넓고 깊게 탐구했는지를 평가하겠다는 의지이다. 최근 건국대 등 주요 대학 교과 전형(지역 균형)의 입결을 보면, 학생부 정성평가가 30%만 반영되더라도 합불의 결정적인 변수가 될 수 있음을 확인할 수 있다. 따라서 탐구력과 진로 역량이 부족한 내신 1.0 학생보다, 자신의 목표에 맞춰 탐구력을 갖춘 1.5 학생이 합격하는 사례가 빈번해지고 있다. 5등급제와 통합수능으로 내신과 수능의 변별력이 약해진 상황에서는 앞으로 학생부의 영향력이 더 커질 것이라 여겨진다.

○ 합격자(충원합격자 포함) ◎ 주요 교과 국어, 영어, 수학, 과학, 한국사 내신 등급의 단순 X 불합격자 산술 평균 / 등록자 기준 / 모집인원 3명 이하 미공개

계열구분	모집단위	내신등급 50% cut	내신등급 70% cut	지원자 학생부 교과 등급 분포 1등급	2등급	3등급	4등급	5등급	6등급	7등급	8등급	9등급
문과대학	영어영문학과	1.93	2.08	○○○	○○⊗	X X		XX XX	X	X		
	중어중문학과	2.11	2.11	○○	○○XX○		X	XX	X	X X		
	미디어커뮤니케이션학과	2.27	2.36	○○○	○○○○	○ X	X XXX					
	문화콘텐츠학과	1.96	1.96	○○	○○XX	X X						
	문과대학자유전공학부	2.14	2.27	○○○	○○○○	○○○X	XX XX	XXX XX	X X	X	X	
이과대학	물리학과	1.81	1.81	○○	○○XX	X X						
	이과대학자유전공학부	2.04	2.00	○○	○○⊗		X		X X X			
건축대학	건축학부	2.07	2.00	○○	○○○	X XXXX	X	X				
공과대학	사회환경공학부	2.00	2.12	○○	○○○	XX	X		X			
	기계·로봇·자동차공학부	1.77	1.85	○○	○○○	XXX X		X		X		
	전기전자공학부	1.60	1.65	○○	○○○	XX X	XXXX	XX	XX X			
	화공학부	1.63	1.68	○○	○○X	X XX						
	컴퓨터공학부	1.77	1.77	○○	○○○	X XXXX		X		X		
	재료공학과	1.75	1.72	○○	○○○	XX X	XX		XX			
	항공우주·모빌리티공학과	1.97	2.00	○○	○○X	X X						
	생물공학과	1.61	1.61	○○	○○XX	XXX	X X					
	공과대학자유전공학부	1.84	1.81	○○	○○○	XX X	X	X	X	X		

*출처 : 2025 건국대학교 교과전형 입결 자료

과목 선택이 중요해진 입시

2022 개정 교육과정과 고교학점제의 핵심은 학생의 선택권이다. 고등학교에서 어떤 과목을 이수했느냐를 가장 중요하게 본다는 것이다. 따라서 진로가 뚜렷한 학생은 자신의 전공에 필요한 핵심 권장 과목을 전략적으로 선택할 수 있지만, 진로와 계열을 못 정한 학생은 1년 내내 선택과목 고민으로 시간을 낭비하게 된다. 상위권 대학은 학생이 어려운 과목임에도 자신의 진로를 위해 도전적으로 이수하려고 노력했는가를 중요하게 본다. 따라서 진로를 정한 학생은 불필요한 고민의 시간을 줄이고 남들보다 한발 앞서서 전공 로드맵을 완성할 수 있다.

수행평가의 탐구력 차이

현재 고등학교에서는 대부분 진로 연계 수행평가가 출제되고 있다. 예를 들어, 영어 서평 작성 과제에서 진로가 명확한 학생은 자신의 전공과 관련된 원서나 논문을 찾아 읽으며 자연스럽게 학업 역량과 진로 역량을 동시에 증명할 수 있다. 그러나 진로가 명확하지 않은 학생은 매번 진로 연계 수행평가 주제를 정하는 데 어려움을 겪을 것이다.

학생들이 선택한 관심사와 진로 관련 수행평가 주제들은 학생부 안에서 맥락으로 만들어지며 하나의 일관된 진로 스토리로 엮어질 수 있다. 이는 주제 선정에 드는 시간을 단축할 뿐만 아니라 학생부의 기록을 개별화, 차별화시켜 스토리가 있는 학생부, 깊이 있는 탐구력을 드러내는 학생부를 만들도록 도와준다.

학생 중심 수업과 주도성

최근 교실 수업은 발표, 토론, 프로젝트 위주의 과정 중심 평가로 진행되고 있다. 진로가 정해진 학생은 수업의 주도권을 가지고 동아리 선택부터 프로젝트팀 구성, 주제 선정까지 자신의 목표에 맞는 활동을 스스로 기획하고 이끌어 갈 수 있다. 교사는 주도적이고 능동적으로 참여하는 학생의 활동을 관찰하여 좋은 기록을 해줄 수밖에 없다. 진로가 없는 학생이 다른 동료들의 주제를 따라 하거나 수동적으로 참여할 때, 진로가 명확한 학생은 자신만의 독창적인 탐구역량을 학생부에 남길 수 있다. 게다가 진로와 계열(전공)을 정하면 활동이나 탐구 주제 선정의 부담이 줄고 궁극적으로는 평가 기준에 맞춘 입시 전략을 효율적으로 수립할 수 있다.

고등학교 입학 후에는 부모가 도움을 주는 데에 한계가 있다. 진로와 전공을 미리 정해 방향이 결정되면 아이가 주도적으로 활동을 선택하기에 부모의 부담도 한결 줄어들 것이다.

4. 관심사로 전공을 정하는 법

나만의 스토리를 만들어 가야 하는 진로 로드맵

커리어넷과 고용24, 대학별 전공 가이드북까지 정보는 넘치는데 학생들은 왜 진로를 정하지 못할까? 정보가 부족해서가 아니라, 나의 관심사를 어떻게 계열(전공)이라는 구체적인 틀로 설계해야 하는지 모르기 때문이다. 수많은 가이드북은 완성된 결과물로서의 직업과 전공을 보여 주지만 아이들의 관심사는 계속 바뀔 수 있다. '나는 의사가 될 거야'라고 직업을 고정해 버리면, 성적이 조금만 흔들려도 진로 전체가 무너져 아예 공부를 포기해 버리기도 한다. 따라서 직업이 아닌 관심 분야(제약, 행정, 환경 등)와 문제의식(해결하고 싶은 문제)을 중심으로 진로를 설계해야 한다. 그래야 성적과 상황에 따라 유연하게 대학과 전공을 변경하면서도 나만의 진로 스토리를 유지할 수 있다.

관심사로 설계하는 진로 매핑 전략

관심사와 흥미를 바탕으로 한 SDM 진로의사결정모델에 따라, 1차 관심사를 출발점으로 2차 관심 영역으로 확장하며 나만의 진로 그물망을 설계할 수 있다.

1차 관심사 (키워드)	2차 분류 (학문 영역)	확장 및 융합 가능한 전공
생명	생물, 생명, 화학, 식품	생명공학, 화공생명, 식품영양, 해양생명
치료	치료, 약학, 신체, 동물, 심리	의·치·한·약·수, 보건환경, 임상병리
컴퓨터	하드웨어, 소프트웨어	컴공, 소프트웨어, 정보시스템, 사이버보안
사회	경영, 경제금융, 미디어 , 콘텐츠	경영, 광고홍보, 미디어, 문화콘텐츠, 소비자학

*출처 :SDM 진로의사결정모델 : 관심사와 흥미에 따른 학과 진로 설계: 신동우, 2023,나침반 36.5도

예를 들어, 생명은 생물, 생명, 화학, 식품으로 분류할 수 있다. 그렇지만 생명에 관심 있는 학생은 의생명, 농생명, 식품생명, 해양생명, 화공생명뿐만 아니라 2차 관심사 치료 부분에 해당되는 의·치·한·약·수와 보건 관련 전공들도 고려해 볼 수 있다. 따라서 관심사를 구체적인 대학 입시 전략으로 연결할 때는 충분히 검토하고 유연하게 접근해야 한다. 그것이 대학에서의

전공제도를 고려해 진로를 설계하는 방법이다. 예를 들어 사람·동물·환경의 상호작용에서 발생하는 감염병을 연구하는 의과학자가 목표인 학생의 전략적 설계는 다음과 같다.

- **최상위 전략 (의예과)** : 감염내과 전문의로서 임상 현장에서 질병의 기전을 연구함.
- **연구 중심 전략 (서울대 동물생명공학과)** : 동물–인간–환경의 상관관계를 동물 자원적 측면에서 접근함.
- **융합 기술 전략 (고려대 보건환경융합학부)** : 환경 요소가 보건에 미치는 영향을 데이터 기반 으로 분석함.

이렇게 설계하면 성적에 따라 학교를 바꾸더라도 '사람들을 감염병으로부터 구하겠다'는 학생부의 스토리가 보일 것이다. 이것이 바로 대학이 원하는 진로 주도성이며 대입을 위한 전략적 진로 설계이다. 이러한 나만의 진로 스토리로 면접을 본다면 학생부 기록과 학생의 면접 내용이 일관된 진정성으로 드러날 것이기에 면접관을 설득해 합격할 확률이 높다고 본다.

대입은 최종 목표가 아니라 인생 전체에서의 성장 과정 중 하나이다. 최근 대학들은 이중전공, 복수전공, 융합전공제도를 파격적으로 운영하고 있다. 지금 당장 원하는 학과에 가지 못하더라도 편입, 전과, 인턴, 석박사 등 대학 이후의 과정을 고려해서 인생 전체를 관통하는 진로를 설계해 볼 수 있다. 또한 학부 전공과 대학원 전공을 다르게 가져가며 전문성을 더 극대화할 수도 있다.

진로 교육의 본질은 학생들이 공부해야 할 이유를 스스로 찾게 해주는 것이다. 관심사에서 출발해 목표를 먼저 세우고 필요한 역량을 채워가는 진로 설계 방식은 학생들에게 성취감을 안겨줘 공부해야 할 동기를 찾아줄 것이다.

목표 지향적인 진로 설계 로드맵

입시는 흔히 올림픽에 비유된다. 다양한 고등학교 학생들과의 경쟁에서 선발되기 위해서는 진로와 전공을 정하고 목표에 맞는 활동을 일관되게 쌓아 나가는 것이 효과적이다. 목표 지향적인 진로 설계는 호기심을 확장해 도서, 실험, 논문 등으로 구체화되며, '꼬리에 꼬리를 무는 심화 탐구'를 가능하게 한다. 특히 대학은 학생부와 면접을 통해 '우리 전공을 지원하기 위해 고등학교에서 어떤 노력을 했는가'를 알고자 한다. 학생부종합전형을 준비해 온 학생은 이 질문에 자신의 성장 과정을 스토리로 말할 수 있을 것이다. 또한 진로와 전공을 정해 입시를 준비하기에 시행착오를 줄여 학습 시간을 확보하고, 학생부의 전공 적합성을 극대화할 수 있다.

목표 지향적인 진로 설계 로드맵을 세울 때는 먼저 자기 이해가 선행되어야 한다. 관심사, 직무 적성, 가치관 같은 자기이해가 구체화될 때 다음과 같은 나만의 차별화된 스토리가 만들어진다.

• 사람과 동물의 공존을 꿈꾸는 원헬스(One Health) 전문 보건환경 공무원
• 고립된 아동 청소년을 위한 정책을 설계하는 사회복지 정책 연구원

위와 같은 방식으로 스토리를 담아 진로를 설계하면 나만의 서사가 드러나는 차별화된 학생부를 만들 수 있다. 또한 '지속 가능한 로드맵'이 되도록, 전공의 경계를 넘나들 수 있는 열린 전공 설계가 필요하다. 예를 들어, 식품공학과를 지망한다고 해서 모두 연구원이 될 필요는 없다.

마케팅에 강점이 있다면 '식품 마케터'로, 기획 역량이 뛰어나면 '푸드 테크 기획자'로 확장할 수 있다. 따라서 대학 전공제도인 이중전공, 복수전공, 전과, 편입 등을 고려하여 진로 로드맵을 설계한다면 성적에 맞춰 학교를 정하더라도, 직무 중심으로 유연하게 인생 전체의 커리어를 만들어 갈 수 있다.

또 다른 예로, 기자가 되고 싶은 학생은 국문학, 사회학, 미디어커뮤니케이션학 등 다양한 전공을 고려해 볼 수 있다.
국문학과에 입학해 미디어커뮤니케이션학과를 이중전공할 수도 있고, 사회학과로 입학해서 미디어커뮤니케이션학과로 전과할 수도 있다.

이렇게 대학 전공제도를 활용한 거시적이고 유연한 진로 설계는 학생을 힘든 입시에서 좀 덜 힘들게 도와줄 수 있을 것이다. 진로 설계의 최종 목적은 '자립'과 '행복'이다. 진로 설계는 학생이 자신의 일을 즐기며 주도적으로 살아가도록 하는 데 궁극적인 지향점이 있어야 한다.

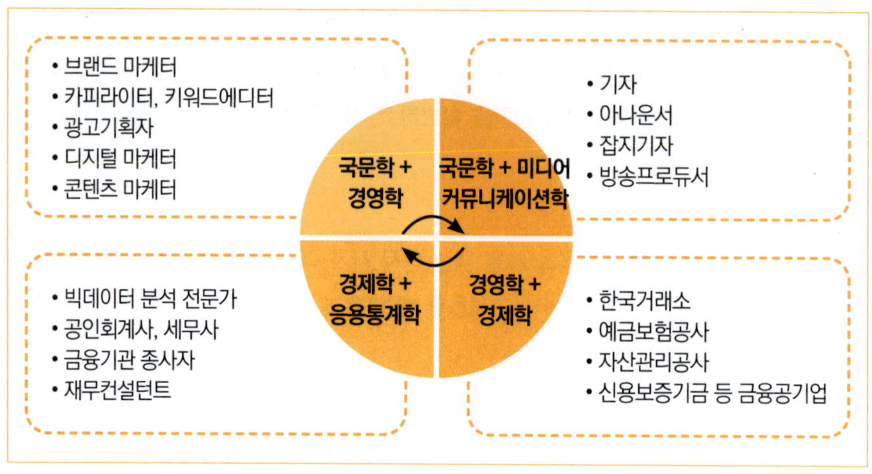
• 브랜드 마케터
• 카피라이터, 키워드에디터
• 광고기획자
• 디지털 마케터
• 콘텐츠 마케터
국문학 +
경영학
국문학 + 미디어
커뮤니케이션학
• 기자
• 아나운서
• 잡지기자
• 방송프로듀서
• 빅데이터 분석 전문가
• 공인회계사, 세무사
• 금융기관 종사자
• 재무컨설턴트
경제학 +
응용통계학
경영학 +
경제학
• 한국거래소
• 예금보험공사
• 자산관리공사
• 신용보증기금 등 금융공기업

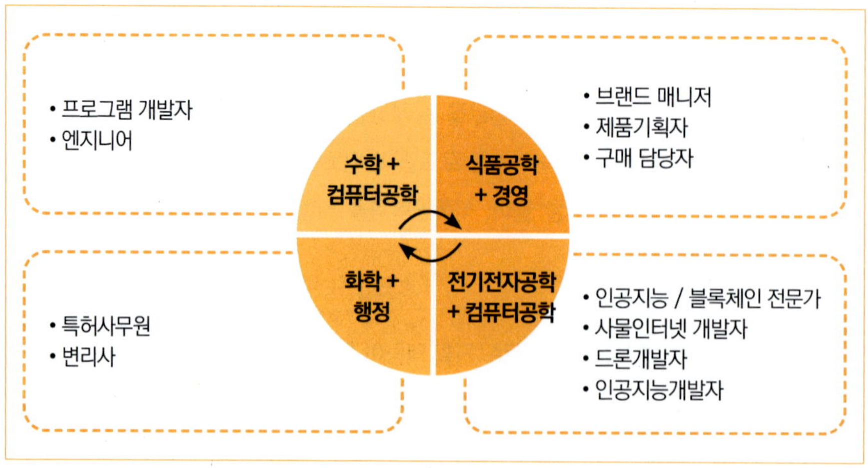
• 프로그램 개발자
• 엔지니어
수학 +
컴퓨터공학
식품공학
+ 경영
• 브랜드 매니저
• 제품기획자
• 구매 담당자
• 특허사무원
• 변리사
화학 +
행정
전기전자공학
+ 컴퓨터공학
• 인공지능 / 블록체인 전문가
• 사물인터넷 개발자
• 드론개발자
• 인공지능개발자

부모님은 아이들의 멘토가 되어야

부모가 아이의 롤모델 되기

아이들은 부모를 관찰하며 가치관을 형성하기 때문에 부모의 직업관과 삶을 대하는 태도는 아이의 잠재의식 속에 남게 된다. 특히 부모가 자신의 일을 대하는 방식(직업의 의미와 돈, 자아실현, 사회적 기여 등)이 아이의 인식과 가치관 형성에 결정적인 영향을 미친다.

예를 들어, 의사인 아빠가 피곤하다고 털어놓는 푸념들은 아이에게 의사라는 직업을 고통스러운 일이라고 각인시킬 수 있고, 돈을 강조하는 태도는 '물질적 보상'만을 추구하게 만들 수도 있다.

반면, 부모가 자신의 일에 성취감을 갖고 최선을 다하며 책임을 다하는 모습을 보인다면 아이도 일을 통해 행복의 가치를 배우는 성장 마인드셋을 갖게 될 것이다.

티칭(Teaching)이 아닌 코칭(Coaching)으로 자율성과 주도권 주기

부모는 아이의 인생을 대신 살아주는 존재가 아니라, 곁에서 아이를 지켜보며 도와주는 조력자가 되어야 한다. 아이들은 자율성이 보장될 때 내적인 동기가 극대화된다.

즉, 부모는 지시하지 말고 질문을 던지는 코치가 되어야 한다. 아이에게 선택의 주도권을 주고, 시행착오를 겪어내도록 해야 한다. 아이는 그 과정에서 실패를 자연스럽게 경험으로 인식하며 '회복탄력성((Resilience)'을 배우게 된다. 나아가 스스로 우선순위를 설정하고 전략을 세우는 능력을 강화하고, 비판적 사고와 자기 객관화가 가능한 메타인지 능력 또한 기르게 된다.

부모의 지지와 성공 경험을 통해 '학습 효능감' 높여 주기

치열한 입시 환경과 급변하는 사회 속에서도 아이들을 무너지지 않게 하는 유일한 힘은 부모로부터 충분히 사랑받고 있다는 믿음과 확신이다.

아이를 비하하거나 무시하는 행위는 학습 의욕을 꺾을 수 있다. 대신 아이의 작은 성취를 인정해 주고 칭찬해 주어 성공 경험(Small Wins)을 갖도록 도와야 한다.

그래야 공부에 재미를 느끼고 지적 호기심을 가질 수 있다. 다소 엉뚱하고 어설픈 질문에도 부모가 진지하게 들어주고 응답해 준다면 아이는 자신감을 가지고 난관에 부딪혔을 때도 다시 도전할 수 있는 용기를 얻게 된다.

세상의 변화를 함께 읽고 질문하는 대화 문화 만들기

급변하는 사회 속에서의 진로 교육은 뉴스와 미디어를 통한 대화 속에서 이뤄져야 한다. 아이들이 다양한 배경지식을 접하고 토론하는 경험은 뇌의 시냅스를 확장하고 창의적인 문제 해결 능력을 키워주기 때문이다.

따라서 부모는 AI 기술의 변화나 최신 뉴스 트렌드를 함께 보며 질문하고 답하는 습관이 길러지도록 도와줘야 한다. 부모와 함께 토론하며 배경지식을 쌓는 과정에서 아이는 특정 주제에 대한 몰입을 경험하게 되며, 자신의 관심사나 진로를 구체화할 수도 있다. 이런 경험들이 쌓여 지적 호기심으로 확장되고 발전되면, 고등학교에서의 발표, 토론, 프로젝트 수업 활동은 물론 융합적이고 독창적인 나만의 탐구 주제를 선정하는 데에도 도움이 될 것이다.

입시를 넘어 아이 인생 전체를 조망하는 장기적 진로 설계하기

대학 합격은 최종 목적지가 아니라 아이 인생의 여정 중 한 단계일 뿐이다. 평생 교육과 전직이 일상화된 100세 시대에는 여러 개의 직업을 가지며 살아가게 될 것이다. 유연한 진로 설계 능력이 곧 생존 역량이다. 부모는 대입 이후의 복수전공, 대학원, 직무 중심의 커리어 패스까지 고려한 인생 전체의 로드맵을 함께 그려주며 아이에게 주도권을 줘야 한다. 스스로 독립하고 자립할 수 있는 힘을 길러주는 것이 진정한 교육의 완성이다.

진로 설계 경험은 아이에게 공부해야 할 이유를 제공하며 주도적으로 삶을 설계하며 살아가도록 돕는 가장 강력한 생존 전략이다. 따라서 부모는 멘토로서의 역할을 제대로 수행하고 있는지 항상 점검하며 '좋은 부모'가 되기 위한 노력을 해야 한다.

	부모를 위한 멘토링 체크리스트
1	나는 아이 앞에서 내 일에 대해 긍정적인 태도를 보이고 있는가?
2	아이의 질문에 귀찮아하지 않고 함께 찾아보는 조력자의 모습을 보여주는가?
3	결과(점수)가 아닌 과정(노력)과 성장에 대해 칭찬하고 있는가?
4	선택의 순간에 아이의 의견을 먼저 묻고 기다려 주는 인내심이 있는가?
5	세상의 변화(AI 등)에 대해 아이와 수평적인 토론을 나누고 있는가?

도서와 다양한 미디어 활용 및 AI 질문법을 통해 문해력 기르기

수많은 정보가 쏟아지고 있는 지금의 시대에서는 읽기 능력을 넘어 정보를 선별하고 재구성하는 전략적 문해력이 필요하다. 이 시기에는 이제 다양성, 상호작용, 기술 활용이라는 세 측면을 통해 아이의 사고력을 높이는 기회를 제공해야 한다.

먼저 도서와 미디어의 융합을 통해 텍스트의 범위를 확장해야 한다. 학교에서도 매체를 활용하거나 AI를 활용한 수행평가가 진행되고 있기에 도서만으로 문해력을 키우겠다는 생각을 하면 위험하다. 고전적 독서에 뉴스나 다큐멘터리 같은 시각 미디어를 활용하고, 특히 AI 질문법을 활용해 아이의 사고를 심화시킬 수 있도록 도와야 한다. AI를 단순한 지식 검색 도구가 아닌 논리를 점검하는 도구이자 학습의 도구로 사용할 수 있도록 해야 한다. 이제 우리 아이들은 AI를 활용해 학습하고, 일하며 살아가야 하므로 부모와의 상호작용을 통해 건강한 방식으로 디지털 기술을 배우고 익혀야 한다. 특히 AI 활용은 생존 전략이라는 것과 디지털 세상에서 지켜야 할 윤리에 대해서도 안내하며 디지털 문해력을 갖추도록 도와주는 부모의 역할이 필요하다.

부모가 자녀를 양육하는 기준은 각기 다를 수 있으나, 내 자녀가 행복하게 살기를 바라는 마음만큼은 같을 것이다.

어떻게 사는 것이 행복하게 사는 것일까?

부모가 자녀에게 꿈꾸고 기대하는 행복이란 대학을 졸업하고 안정적인 직장을 가지고 모자라지 않은 경제적 능력을 갖추는 것일까?

자녀도 부모와 같은 생각을 하고 있을까?

반복되는 질문에 따른 현명한 대답은 각자의 몫으로 돌리고 싶다. 누구도 시원하게 대답할 수 없는 질문이라고 생각한다.

교육 제도가 계속 변하고 있다. 시대에 맞는 적절한 교육 방법을 찾아 최대의 효과를 기대해 보려고 한다. 이제 변화에 발맞춰 흐름을 읽을 수 있는 시야를 갖는 것이 부모의 능력이 되고 있다. 예전의 기억이나 주변의 성공 사례를 좇는 어리석음이 아이들에게 걸림돌을 만드는 상황과 종종 마주친다. 생각을 바꾼다는 것은 쉽지 않다. 특히 좋았던 경험과 우수 사례에 얽힌 경험을 무시하는 일은 더더욱 어렵다. 다행스러운 건 이 모든 것들 안에서 변하지 않는 단 한 가지 진리가 있다. '공부'는 언제나 열심히 잘해야 한다는 사실이다.

학습이 뒷받침되어야 탁월한 선택의 기회를 가질 수 있다. 그것이 진정한 행복의 문을 여는 시작이라고 할 수 있다. 너무 익숙하게 잘 아는 사실이어서 이를 소홀하게 여긴다기보다는 깊이 있게 생각하지 않는 경향이 있다. 게다가 자신의 만족 기준으로 평가하다 보니, 객관적 결과를 냉정하게 성찰하지 못할 때도 많다. 분명한 것은 학습은 노력과 끈기라는 성실함을 요구한다는 점이다.

공부를 잘하는 특별한 방법이 따로 있는 것은 아니다. 학습 방식은 학생의 환경과 성향에 따라 달라질 수 있다. 물론 누군가를 따라 한다고 해서 반드시 나쁜 것은 아니다. 어떠한 학습 방식이든 나에게 적절한지 검토하면서 습관을 만들어 가는 과정이 중요하다. 반복적으로 계획을 세우고, 체크리스트를 확인하여 한 칸씩 지워가며 학습 성취도를 점검해야 한다. 학습은 결과만큼 과정도 무시할 수 없다는 사실을 반드시 기억해야 한다.

학생에게 맞는 주도적인 학습 습관은 혼자만의 노력만으로 만들 수는 없다. 함께 확인해 줄 수 있고 지쳐서 흐트러지는 순간에 격려하며, 질책보다는 묵묵히 지켜봐 주는 부모의 역할이 중요하다.

부모의 역할은 모든 완성의 열쇠라고 할 수 있을 만큼 여러 번 강조해도 모자란다. 안타까움에 부모가 지나치게 관심이 많아서 오히려 힘든 아이가 있는 반면에 조금만 부모가 관심을 가진다면 좋았을 걸 하는 아쉬움에 발을 구르는 경우도 있다.

무엇이든 적당히 조화롭게 한다는 것이 어렵다. 특히 자녀 교육에 있어서 어느 것이 정답이라고 말할 수는 없지만 '인정'이라는 단어를 기억하기를 바란다. 부모가 바라는 기대에 미치지 못한다고 해서 핑계를 대고 회피해서는 안 된다. 누구 닮아서? 라고 의문을 품지 말았으면 좋겠다. 왜? 라고 의문을 품지 말고, 우리 집 환경과 아이의 상황을 관찰하고 인정하며 개선의 의지를 가지고 같이 생각하고 실천하는 약속을 만들어 봐야 한다. 중요한 것은 약속을 최대한 실천하며 성취감을 함께 맛보는 경험이다.

최상의 학습 만족도는 습관의 완성에서 나온다. 이를 한두 번의 실천으로 만들 수는 없다. 아이마다 습관을 만드는 데 걸리는 시간이 다를 수 있다.
부모가 역할을 성실하게 수행해 준다면 조금 빠르게 습관을 만들고 오래 유지할 수 있겠다. 바른 학습 습관을 자기 주도적으로 유지해 나간다면 학습을 기반으로 하는 입시에서 진정한 甲다운 선택을 할 수 있으리라 믿는다.

선생님, 저 합격했어요

사무실에서 받은 전화 한 통. 12년을 같이 했던 그 시간을 한 방에 보상받았다.

"선생님, 저 합격했어요. 선생님 고맙습니다."

"고맙다. 수고했어. 진짜 장하다. 고마워. 엄마도 좋아하시지?"

"선생님께 먼저 전화했어요. 선생님이 제일 먼저 생각났어요."

"엄마께 연락드려라. 진짜 고생 많았다."

7살 초등학교 입학을 앞두고 인사한 꼬마. 눈만 초롱초롱하며 공부를 좋아하던 아이였다. 맞벌이 부부로 학부모가 되는 시작이 막막하기만 하다며 아이의 학습 지도를 부탁했다. 7살 꼬마는 공부를 재미있어하고 많이 하고 싶어 했다. 부모님도 알려주는 대로 잘 따라 하고 배운 것을 자랑하는 아이를 위해 많은 양의 학습을 원했다. 아이는 남에게 보이기 좋아하는 성향이 있었다. 학습이나 운동도 배운 것을 빠르게 익혀 언제나 우등생으로 꼽히는 아이였다.

학생이 무엇이든 잘하기가 쉽지는 않다. 하지만 초등학교 저학년 학생은 엄마의 지극한 정성으로 무엇이든 잘하기 쉬운 시기이다. 그래서 우리 아이가 천재인가? 착각에 빠지는 초보 엄마가 제일 많은 시기이기도 하다. 잠깐 생각을 예전으로 돌려 보시면 입가에 미소가 생기실 분들 여럿이지 않을까? 초등학교 1학년 받아쓰기에서 오답 한 개는 엄마의 가슴을 쓰라리게 한다. 하지만 다음 주면 다시 우리 아이는 천재였음을 확인하니 희비의 주기가 참 빠르기도 하다. 명심할 것은 일희일비(一喜一悲)하지 말아야 한다.

우리는 이렇게 공부를 시작했어요

초등학교에 입학한 후부터 주위에서 주목받기 시작했다. 수업이나 활동을 이해하고 따라 하는 것이 워낙 빠른 아이였다. 그러다 보니 선생님께 다른 친구들보다 한두 번의 칭찬을 자주 듣게 되었다. 친구들 입에서 아이의 이름이 자주 불리게 되어 자연스레 주위에서 관심받게 되었다. 아이는 다른 친구들보다 칭찬 듣는 것을 즐길 줄 아는 학생이었다. 하지만 엄마는 맞벌이인지라 알고 지내는 학부모들과 지인이 많지 않았다. '누구 엄마'란 호칭으로 아는 척하는 것을 많이 부담스러워했다.

선생님에게 아이는 최고의 학생이었다. 아이는 나와 만들었던 과제를 12년 동안 지키지 않은 것이 없었다. 친할머니가 돌아가셔서 그 주에 해야 할 숙제를 하지 못했던 거 말고는 단 한 번도 약속을 어긴 적이 없었다. 과시욕이 있는 아이에게 겸손을 가르치기가 쉽지는 않았다. 가르치는 입장에서 대견하기 그지없으나 지속적으로 대학 입시까지 바라본다면 잠깐의 우쭐함은 독이 될 거라 생각하며 칭찬에 인색한 선생님이 되었다. 그래서 아이와 나 사이는 친함과 다른 긴장감이 항상 존재했다. 지금 돌이켜 생각하니 오랜 시간 코칭을 지속할 수 있었던 것은 적절한 거리에 따른 긴장감이지 않았을까 하는 생각이 든다. 고래도 춤추게 하는 칭찬으로 계속 코칭하기란 쉽지 않다. 그 당시 어머님께도 지나치게 칭찬하시지 말라고 부탁했었다. 아이의 성향이 칭찬을 즐기는 편이라 자칫 자만에 빠지는 실수를 저지를 수도 있었기 때문이었다.

초등 공부 시작

사교육에 접근하기 어려운 동네에 살고 있었다. 학원을 찾아 데리고 다니기도 어려운 환경이었다. 부모님과 상의 끝에 수학을 우선으로 학습 시간을 정하고 공부 연습을 시작했다. 주 1회 코칭을 한 시간으로 정하고 아이가 매일 숙제를 통해 훈련할 수 있는 공부를 하루에 2시간 정도로 시작했다.

한꺼번에 2시간을 앉아 공부하기 어려운 학년이라 30분 단위로 짧게 끊어서 할 분량으로 코칭 했다. 겨울방학 시작하자마자 다음 학기 연산 연습을 할 수 있는 기본 문제집을 3주나 4주 분량으로 나눠 마무리했다. 한 학기 동안 기본과 응용 중심으로 수학 문제집 3권을 오답 풀이까지 완성했다. 저학년 때 공부 시간과 학습 습관을 형성하는 가장 적절한 방법으로 동기부여와 성취감을 맛볼 수 있는 '수학 문제 풀기'를 추천한다.

초등 3, 4학년

초등학교 3, 4학년 준비는 달라진다. 1, 2학년 시기에 비해 과목이 늘어나고 수업의 형식이 달라진다. 과정에 비해 이른 선배의 모습을 요구하는 학년이란 생각이 든다. 저학년 국어 공부는 학기 내에 학교 수업에 맞는 분량을 정해 지문 읽기 연습과 지문 베껴 쓰기를 하며 어휘와 원고지 쓰기를 연습시켰다. 기분에 들떠 공부를 많이 하고 싶어 하는 우등생에게 베껴 쓰기처럼 좋은 습관은 찾기 어렵다. 글씨 쓰는 연습과 받침 글자와 읽는 소리의 구별, 문법의 기초를 어렵지 않게 이해하며 문장을 익힐 수 있다. 3, 4학년부터 늘어나는 과목만큼 공부 시간을 추가하는 것이 어렵지 않았다.

1, 2학년과 다른 공부 방법을 한 가지라도 추가하게 되면 약속된 시간을 지키는 연습과 늘어난 시간에 대한 부담을 느끼기보다는 스스로 학년이 높아졌음을 인지하고 수긍하게 된다.

초등 3, 4학년에서 늘어난 사회, 과학은 중요한 과목이다. 문제만 풀면서 이해하거나 지식을 쌓는 데에는 한계가 있다. 학교 수업에서 충분히 이해하지 못한 상태로 듣기만 하고 넘어간다면 기억하는 양이 적어 어렵게 느끼고 기피하는 과목이 된다. 새로 시작하는 두 과목에서 부모님 역할이 필요하다. 새롭게 등장하는 어휘를 찾아보고 알 수 있게 해 주어야 한다.

처음 보는 단어에 표시하고 사전적 의미를 아이 눈높이에 맞춰 설명을 도와주면 큰 도움이 된다.

두 과목 개념 이해는 온라인 학습의 도움을 받는 것도 좋은 방법이었다. 보호자와 함께 수업을 들으며 온라인으로 공부하는 규칙을 만드는 것이 좋다. 아직 스스로 요점 정리 노트를 만들기에는 이른 학년이었다. 풀기 시작한 기본 문제집에 정리된 요점을 노트에 옮겨 적는 방법을 선택했다.

온라인 학습으로 들었던 부분과 문제집에 정리한 내용을 공책에 베껴 쓰며 복습했고 문제 풀이로 마무리 학습하는 연습을 반복했다.

초등 5, 6학년

초등 5, 6학년은 심화를 시작하며 선행 준비를 시작해야 하는 시기였다. 아이의 성향과 이해도에 따라 계획이 차이가 있지만 목적에 맞는 특수한 경우가 아니라 일반적인 학생의 예로 학습을 이어갔다. 주변에 영어학원 다닐 곳이 마땅치 않아 주 1회 오시는 영어 선생님께 무리하지 않는 암기 연습을 부탁드렸다.

기본 읽고 쓰기에 익숙한 아이에게 얇은 영어 동화책을 추천하고 매주 한 권씩 동화책을 암기하여 발표하는 것과 문장을 외워 적는 연습을 시켰다. 3학년에 시작한 늦은 영어 수업이었지만 잘 따라오는 아이의 성향으로 다른 친구들과 비슷한 과정까지 맞추는 것은 오래 걸리지 않았다. 암기 연습은 칭찬을 좋아하는 학생이라 영어 선생님의 적절한 칭찬에 큰 효과를 볼 수 있었다. 중등 수학과 연계되는 고학년 수학 문제 풀이에서도 암기하는 습관은 도움이 되었다.

매 학기 수학 문제집을 3권 푸는 것은 6학년 2학기까지 빠짐없이 했다. 3학년부터 풀기 시작한 각 과목 문제집은 한 권씩이었다. 아이는 그날 배운 내용을 이해해서 요점 정리한 후 공책에 옮겨 적었고 문제 풀이도 꾸준하게 이어 나갔다. 국어 지문에서 새로운 낱말이나 표현을 찾아내고 익히는 것도 익숙해졌다. 영어 지문 한 바닥을 긴 시간 들이지 않고 외울 수 있어 자신감이 충만해졌다. 이렇게 되기까지에는 아이의 성실함이 큰 바탕이 되었다. 아이는 선생님과 만든 계획에 맞춰 스스로 시간을 정해 과제를 수행하고 활동하는 것을 당연하다고 생각했고, 스스로 공부해야 하는 동기를 찾는 모습도 보여주었다. 선생님과 부모님은 조력자로서 아이가 궁금증을 풀 때 지루하지 않도록 다양한 방법을 제시하고 안내해 주는 수고를 했다.

무서운 사춘기, 공부는 해야죠

중학교 입학을 앞두고 강남은 아니지만, 사교육을 접하기 수월한 지역으로 이사를 추진했다. 다행히 주변 친구들도 중학교 진학을 앞두고 국제중을 알아보거나 학군을 옮겨서 아이에게 자극이 되었다. 자유학기제에 진행되는 진로 탐색은 장기 목표 설정의 동기를 부여하는 행운이 되었다.

아이는 서울대학교에 입학하여 수학과 교수가 되는 진로를 선택했다. 수학을 탁월하게 잘하는 편은 아니었으나, 예습과 복습, 짧은 선행학습 덕분에 자기 스스로 만족한 점수를 받기 시작하면서 수학에 관심과 흥미가 생겼던 이유다. 목표가 정해지니 코칭하기가 수월했다. 도달하는 방법을 선택하는 것이나 어려운 것을 참고 이겨내는 노력도 자연스러웠다. 스스로 설득하는 시간을 만들어 내는 모습도 볼 수 있었다. 하지만, 이 시기에 부모님께 부리는 짜증은 나라면 견디기 힘들다는 생각에 부모님의 인내를 도왔던 기억이 난다.

고등을 준비하며

중학교 시기는 수능을 준비하며 수행평가로 보고서를 쓰는 연습과 발표하는 자신감을 성장시키는 활동적인 시간으로 채웠다. 독서를 통해 더 넓은 시야를 간접적으로 경험하게 했다. 영어와 수학을 중점적으로 학원에서 수능 준비를 시켰다. 영어는 중3 때까지 수능 준비를 마치려는 계획을 세워 학원 선생님께 부탁드렸다. 국어를 비롯한 타 과목은 초등학교 때 단련한 학습 습관 덕분에 스스로 내신 준비를 할 수 있었다. 중학교를 고등학교 내신의 실습장으로 여겨 아이의 의지를 존중하며 원하는 대로 할 수 있게 했다. 단, 결과에 따른 정확한 피드백을 통해 수정과 보완을 지원했다.

무서운 중2 시기도 해야 할 것들을 체크하며 하나씩 이뤄가는 성취감에 무난히 보낼 수 있었다. 가끔은 부모를 당황하게 했던 순간들도 있었지만 스스로 해야 하는 것을 놓치는 어리석은 행동은 하지 않았다. 목표는 언제든지 바뀔 수 있다고 이야기했다. 원하는 것이 있다면 바꾸는 것은 가능하다. 단, 아무것도 하고 싶지 않다, 하고 싶은 게 없다, 모르겠다는 표현은 삼가기로 약속을 굳게 자주 했다. 그런 표현을 농담이라도 자주 입 밖으로 말하다 보면 자신도 모르게 무기력해지는 순간들을 느낄 수 있다.

중학생 눈높이에서는 대입이 아직 먼 이야기 같지만, 목표가 정해진 상황에서는 준비하는 시간이라는 것을 알게 된다. 이루어야 하는 목표와 할 일이 있는 사춘기 시기는 '짧은 투정의 시간'으로 기억하게 되었다.

대학, 가자

고등학교 진학을 앞두고 고민이 많았다. 부모님은 동네 학교에서 내신을 잘 받을 수 있기를 원하셨다. 아이는 쟁쟁한 친구들과 겨뤄보고 싶은 욕심을 비추었다. 대학 진학을 위해서는 내신과 수능, 둘 다 준비해야 한다는 사실을 잘 알고 있던 아이는 자신의 선택에 맞춰주길 바랐다. 서울의 일반고와 비슷한 기숙형 자사고에 입학했다.

아이는 두려워하지 않았다. 부족한 것은 채우면 된다고 믿었다. 자신을 위해 많은 지원을 아끼지 않는 부모님과 길잡이를 해 줄 선생님들과 함께 목표를 향해 내딛는 순간들을 즐기며 최선을 다하는 모습을 보였다. 주중에는 자투리 시간까지 활용하며 학교생활을 게을리하지 않았다. 저녁 식사 후, 자습 시간에는 예습과 복습을 꾸준히 반복하며 학교에서 허락한 온라인 수업을 활용했다. 주말에는 선행이 모자랐던 수학 수업에 힘쓰며 쉬는 시간을 찾기보다는 주중에 기숙사 생활 때문에 챙기지 못했던 과외수업에 집중하였다.

중학교 졸업하기 전에 수능 수준까지 관리했던 영어 덕분에 고등학교에서는 국어와 수학 공부 시간을 늘릴 수 있었다. 수능 국어는 방학 특강을 미리 준비해서 선생님과 계획대로 놓치는 것 없이 공부할 수 있었다. 영어는 한 달에 한 번으로 벅차지만, 수능의 감을 놓치지 않는 질문 수업과 4주 동안 자기주도학습 계획을 검토받으며 공부했다. 주요 3과목 이외 타 과목은 평소 학습 습관대로 공부하며 수능과 내신을 준비하였다.

아이는 기특하게 조바심 내지 않았고 두려움을 보이지 않았다. 지난 시험 결과에 집착하지 않고 부족한 것을 채우려 급급해하지 않으면서도 확실히 모르는 부분은 인정하고 정리해서 차근차근 다시 준비했다. 시간을 아껴 쓰고 짧은 시간도 효율적으로 사용하기 위해 언제나 최선을 다하는 모습이 누구에게나 보였다.

수시 준비를 위해 수행평가와 내신 관리를 게을리하지 않았고, 학생부 기록을 위한 노력보다는 진정으로 탐구하는 자세로 성장하는 과정을 보이는 것에 망설이지 않았다.
기숙사에서 할 수 있는 활동과 필요한 것들은 꾸준히 제안하고 먼저 움직이는 것에 주춤거리지 않았다. 짧은 기간 내신을 준비하면서도 조급해하지 않고 평소 정리해 놓은 학습자료 활용을 꼼꼼하게 살피는 비법을 찾아내기도 했다. 자기주도 학습의 완성을 선보이는 날이 점점 다가오고 있는 것을 기대하게 되었다.

수시지원에 망설임이 있었다. 합격의 확률을 높이기 위해 학과를 변경하자는 주위 의견을 고민하다가 과감하게 본인의 의사를 관철하는 주체적인 모습도 보여주었다. 아이의 희망대로 수시지원을 했고, 결국 원하는 학교와 학과에 입학했다. 12년의 노력은 당사자는 물론 함께 지켜보던 모두에게 감사와 기쁨을 안겨주는 결실로 찾아왔다.

엄마랑 있고 싶어

누나 상담하러 갔는데 자리를 비키지 않던 고집 센 꼬마. 누나를 위해 준비한 시험지를 척척 풀어내던 유치원 꼬마. 아니, 이 꼬마는 뭐야? 집안 누구도 아이를 이길 수 없었다. "나도 공부할 거야."라는 외침에 누나와 같이 시작한 코칭.

나이는 어렸지만, 꼬마가 할 수 있는 것은 너무 많았다. 그리고 진짜 잘 해냈다. 감탄이 멈추지 않았다. 하지만 엄마와 분리불안이 멈추지 않는 탓에 꼬마가 가진 역량을 모두 보일 수 있는 기회가 많지 않았다. 꼬마가 의자에 앉는 시간이 30분을 넘기기까지 오래 걸렸다. 아마 기억에 7개월 정도 걸렸던 것 같다. 잠깐 앉았다가 엄마가 있는지 확인하고, 한 문제 풀고 엄마랑 뽀뽀 한 번 하고, 한 줄 적고 엄마를 불러보는 시간이 반복되었다. 유치원도 어렵게 졸업하고 초등학교 입학 후는 조금 나아졌다. 학원에서는 엄마가 복도에 서 있는 것이 확인되어야 수업을 무사히 마칠 수 있었다.

꼬마에게는 '감정'이란 걸림돌이 언제나 문제였다. 감정 조절하기가 무척이나 힘들었던 탓에 수업할 수 있는 학원을 찾거나 선생님을 모시기가 매우 어려웠다. 엄마는 꼬마의 영재성을 일찍 알았다. 꼬마의 성향을 잘 알고 있는 엄마는 아이를 위한 장기와 단기 계획을 잘 세우고 확인하며 추진했다. 꼬마에게 코칭의 역할은 꾸준함을 반복하며 길어지는 공부 시간을 준비하는 연습을 시키는 것이었다. 모든 것을 엄마와 함께 할 수 없고 엄마와 별개로 혼자 하는 것에 하나씩 익숙해지는 연습이 절대적으로 필요하다는 것을 엄마는 알고 있었다.

부모는 어떻게 해야 하나

부모의 역할이 얼마나 중요한 지 이 꼬마의 사례를 들어 설명하고 싶어 추천해 보았다. 엄마는 최고의 사교육으로 준비를 놓치지 않으면서도 그 과정에서 항상 지쳐서 떼쓰는 아이를 진정시키고 안아주며 다시 교실에 들어가 수업을 마칠 수 있게 인내심을 가지고 지켜주는 자리를 소홀히 하지 않았다. 생각과 기대하는 것보다 부모는 인내심이 강하지 못하다. 의외로 자녀보다 더 빨리 지쳐서 포기하는 것을 선택하기도 한다. 이렇게 인생의 첫 번째 포기와 좌절을 사랑하는 아이에게 주는 사람이 부모이기도 하다. "아이가 원하지 않아서"라는 핑계를 댄다. 자녀에게 싫어도 해야 하는 책임, 힘들고 어렵지만, 끈기를 가지고 해내야 하는 도전, 그리고 성취감을 통한 자존감 확립의 중요성을 가르쳐야 하는데 그 과정이 힘들다 보니 한발 물러서곤 한다. 자녀와 부딪치기 싫어서 불편한 시간을 줄이는 것을 우선으로 하는 경우도 많다. "아직은 때가 이른 듯해서 좀 더 있다가 다시 시작하려고 해요" 하면서.

좋은 부모란

좋은 부모가 되려고 책도 보고, 강연도 듣기도 하고, 자녀 양육에 성공했다고 소문난 부모의 이야기에 귀를 기울이며 따라 해 보려고 마음도 다져본다. 좋은 부모? 어떻게 해야 우리는 좋은 부모가 될 수 있을까? 자녀가 재미로 시작한 공부에 흥미를 잃고 어려워하는 순간에 부모는 그런 위기를 어떤 방법으로 넘길 수 있을까? 자녀의 손에서 멀어지는 공부를 다시 불러 잡게 할 수 있을까? 요술 공주로 둔갑해서 공부하기 싫어 자꾸 늘어지게 드러눕는 자녀를 일으켜 의자에 앉힐 수 있을까? 그런 순간을 현명한 부모의 모습으로 이겨내기란 절대 쉽지 않다. 그래서 좋은 부모가 되고 싶은 갈망은 줄어들지 않나 보다.

꼬마의 부모는 그래도 현명한 부모였다는 생각이 든다. 엄마도 훌륭했지만 퇴근하고 돌아와 지친 엄마를 대신해 주었던 아빠의 모습도 인상적이었다. 매일 전쟁터 같은 학원 생활을 마치고 돌아온 아이를 안아주고 엄마를 쉬게 해 주는 역할은 아빠의 몫이었다. 남은 숙제를 해야 하고 책을 읽어야 하는 이유를 아들과 목욕하면서 조곤조곤 설명해 주었다. 목욕이 끝나고 나오면 꼬마가 자연스럽게 숙제할 수 있도록 엄마는 누나와 함께 공부하는 모습을 보여주었다. 힘들고 지쳐도 반드시 숙제해야 하는 것을 꼬마는 알고 있었다. 알면서도 떼쓰고 징징거리는 반항으로 몸부림칠 때조차 부모님은 우선순위를 무너뜨리지 않았다. 여기서 꼬마는 책임을 익히게 되었다. 아이마다 훈련되는 기간이 다르다는 것을 인정하고 기다릴 줄 알았던 좋은 부모였다고 생각한다.

이제는 학생이 되었으니까

감정의 기복이 심했던 꼬마가 초등학교에 입학했다. 이제는 학생이니까 달라질 것을 기대했다. 학원보다 학교는 경쟁이 덜해서였는지 짜증이 줄고 즐겁게 하루 일정을 해냈다.

꼬마는 뛰어난 영재였다. 그렇다고 언제나 1등은 아니었다. 꼬마는 그것을 인정하지 못했다. 실수로 오답이 생기는 것을 못 견뎌 했다. 울고불고 소리 지르며 화난 감정을 가라앉히지 못했을 때 엄마는 다시 시험지를 만들어 내밀었다. 찢고 구겨 던질 때마다 다시 내밀기를 반복하는 엄마를 이기지 못하고 시험지를 다시 풀고 왜 실수했는지 스스로 알게 했다. 지적에 자존심을 상해하는 자녀를 지켜주는 엄마의 인내심이 빛을 발하는 순간이었다. 아직 어린 꼬마는 자존감이 튼튼하지 못했다. 틀리는 것 때문에 자존심이 상한다면, 실수하지 않는 게 최선이라는 것을 습득해야 했다. 나는 아이보다 엄마에게 코칭하는 시간이 많아졌다.

감정도 성장한다

학년이 높아질수록 감정이 성장하는 모습을 확인할 수 있었다. 시간이 걸리지만 해야 하는 것을 위해 책상 앞에 스스로 와 앉기도 하면서 공부 시간이 점점 길어졌다.

꼬마는 놀이공원에 관심이 많았다. 재미있고 무서운 놀이기구들이 과학의 원리로 만들어진다는 사실을 알게 되면서 과학에 흥미를 느꼈다. 직접 놀이기구를 만들어 보고 싶다는 말도 꺼냈다. 엄마는 그 말을 흘려듣지 않았다. 영재는 사교육으로 '만들어지는' 것이 아니라, 영재로 자랄 수 있도록 '지켜주는' 게 중요하다. 엄마는 이를 잘 알고 실행으로 옮겼다. 아이들이 학교에 간 시간에 과학 교과서를 보며 공부했다. 학교에서 배울 것을 알아보고 보조 자료로 필요한 책을 찾아서 준비했다. 바쁜 아이가 꼭 읽어야 하는 부분을 놓치지 않고 표시해 놓았다. 중요 부분만 읽었던 책은 방학이나 여행을 가서 남은 시간에 읽을 수 있는 분위기도 미리 준비했다.

자녀의 SWOT 분석과 실천

자녀를 있는 그대로 인정하며 강점과 약점, 적절한 기회와 위협되는 요인들을 파악하였다. 이후 약점과 위협 요인을 줄일 수 있는 방법을 찾아, 이를 실천하는 과정을 반드시 거치게 했다. 유난히 감정에 약한 것을 알고 부모가 역할을 나눠 감정에 위협을 주는 요인에 견딜 수 있는 훈련을 꾸준하게 실천했다. 부모의 역할은 희생이 아니다. 먼저 살아온 지혜를 바탕삼아 살피며 앞으로 걸어갈 수 있게 옆에서 혹은 뒤에서 동행하는 것이다. 자녀의 행복을 위해서라며 부모의 바람을 일방적으로 강요하기보다, 아이의 삶을 존중하며, 아이의 선택이 자신의 길을 찾아가는 과정이 되도록 함께 고민하는 부모가 되어야 한다. 즉 "내 아이가 행복했으면 좋겠다."라는 말로 부모의 이기심을 자녀를 위하는 것이라고 포장하지 않기를 바란다.

힘들지만 지켜줄게

꼬마는 친구들 사이에서 리더십을 발휘하며 또래 아이답게 즐겁게 지냈다. 어디에나 존재하는 시기와 질투에 엄마는 많이 힘들어했다. 하지만 엄마는 목표가 확실했다. 내 아이가 꿈꾸고 희망하며 즐겁게 공부해서 과학자가 될 수 있게 바른 가이더가 되는 것이었다. 아이에게 도움이 되는 경시대회 준비를 꾸준하게 이어갔다. 학원 선생님과 충돌하지 않도록 수업 준비를 돕는 일도 게을리하지 않았다. 종종 심술부리는 아이가 비호감일 수 있었지만, 엄마의 정성과 노력을 인정하던 선생님은 아이를 감정적으로 대하지 않으려 노력했다. 내 아이가 사랑받도록 돕는 것도 필요하지만 미움받지 않도록 지켜주는 것이 무엇보다 중요한 부모의 역할이다. 내 아이를 인정해야 보일 수 있는 것들이다. 공부를 열심히 잘하는 데 놓칠 수 없는 핵심은 불편함이다.

물질로 해결할 수 있는 불편함은 부모의 카드로 해결할 수 있다. 하지만 엄마들의 시기와 질투, 학원 선생님이 가질 수 있는 감정들은 카드로 해결이 어렵다. 선물로 해결할 수 없다. 싫은 감정은 무엇으로도 해결하기가 힘들다는 것을 대부분 알고 있다. 현명한 엄마는 타인의 감정으로 인해 상처받는 아이를 지켜준다. 내 아이를 존중하며 인정하는 자세로 상대의 불편함도 먼저 인정하고 배려를 부탁한다. 아이가 성장하는 기회를 잃지 않도록 정중하게 요청하는 것이다.

어떤 선생님이 이런 엄마의 아이를, 특별한 학생을 감정 때문에 포기할 수 있겠는가.

꼬마는 초등학교를 졸업하고 멋진 청소년으로 성장했다. 안타깝게 사춘기에 찾아온 감정적 파란으로 격동의 시기도 겪었다. 그 와중에도 변하지 않는 부모와 자녀의 신뢰가 아이의 든든한 버팀목이 되었다. 결국 그 덕분에 짧고 긴 시간이 지나고 자기 주도적으로 알아서 척척 하는 학생으로 변신했다. 지금 아이는 세계적 과학자가 될 준비로 바쁘게 지내고 있다는 소식을 얼마 전에 부모로부터 전해 들었다.
"어머님, 감사해요. 수고하셨어요."
"선생님, 제가 진짜 잘한 거 맞아요?"
"당연하죠. 어머님 아니었으면 그 아이는 지금 공부할 수 없었어요. 영재가 사라졌겠죠. 충분히 인사받을 자격이 되십니다."
"제 아이인데 부모가 믿고 기다려 주는 게 당연하죠. 힘들어서 놓고 싶을 때도 있었지만 부모라 견딜 수 있었던 것 같아요."

사교육 안에서 코칭과 컨설팅을 하다 보면 안타까운 상황에 직면할 때마다 화가 나곤 한다. 특별해서 코칭이나 컨설팅을 받는 것이 아니다. 코칭과 컨설팅을 받아서 성공하는 것도 아니다.
좀 더 나은 선택을 하는 것에 도움을 주고 싶은 마음이 크다. 잘 모르고 잘못된 오해 때문에 시간이 지나서 아차! 하고 후회하지 않기를 바라는 마음이 제일 크다. 사례는 사례일 뿐이다.

고진감래(苦盡甘來)라는 말은 진리라는 생각이 든다. 어느 날 갑자기 운이 좋아서 마주치는 행운은 없다. 특히 공부는 올바른 학습 습관을 만들면 자신의 노력만큼 결과를 얻을 수 있다. 그것이 성적으로 표시되거나 훗날 경험을 바탕으로 도전하는 일에서 나타나기도 한다. 공부가 안되니 기술이나 배우라며 뱉는 그 말이 듣는 아이에게 주는 상처를 생각하지 않는다. 기술을 배우는 과정이 공부하는 것이고, 공부를 할 수 있는 것이 학습 습관이다. 1등이 되자는 것이 아니라 공부하는 힘을 기르자는 취지의 시작이다.

"공부는 자녀와 함께 하는 여행입니다. 눈높이 맞춰 시작하면 아이가 가진 호기심이 보입니다. 그것을 따라가다 보면 배움이 커집니다."

"오답으로 표시된 문제집 한 장이 미래의 성공 노트가 될 수 있어요. 두려워하지 말고 도전하도록 격려해 주세요."

"부모님은 자녀의 첫 번째 멘토이며 동료입니다. 모르는 것은 같이 찾아보고, 실수는 같이 고쳐나가며 성장하면 됩니다. 부모님과 함께 성장하는 자녀라면 도전에 망설이지 않고 나갈 수 있습니다."

03
Part

진학은 더 이상
시험 점수만이 아니다

Prologue. 왜 학습법은 달라져야 하는가?

1. 변화하는 시대와 환경
2. 변화하는 교육환경
3. 환경에 적응하는 학습
4. 변화된 대입 평가
5. 수업 속에서 길러지는 힘
6. 배움의 기초체력이 진학을 결정한다.

오늘날의 우리는 누구도 예측할 수 없는 시대를 살고 있다. 2022년 11월30일 공개된 챗GPT (LLM 인공지능)로 인한 시대적 환경이 어지러울 정도로 빠르게 달라지고 있다.

이제 부모는 "우리 아이를 어떻게 키워야 할까?"보다 "내 직업은 과연 남아 있을까?"를 먼저 걱정해야 하는 시대가 되었다. 결국 부모나 아이들 모두 아무도 겪어보지 못한 인공지능시대에 어떻게 적응해야 할까를 같이 고민해야 하는 것이다.

이런 부분이 부모들에게 있어 아이를 키우고 교육시키는데 불안감을 넘어 두려움을 갖게 한다. 불안과 두려움 속에서도 새로운 길을 찾는 힘은 결국 배움의 본질을 이해하는 사람에게서 나올 것이라 생각한다. 그렇기에 이 책에서는 학습을 위한 기본적인 본질과 이를 적용하여 사용할 수 있는 예시들도 담아냈다.

그렇다면 왜 학습과 공부가 달라져야 할지를 알아보자

인구감소

우리나라의 인구감소 상황은 이미 국내를 넘어 세계적으로도 우려의 대상이 되고 있다. 이를 단적으로 보여주는 지표가 바로 학령인구의 급감이다.

현재 고등학교 3학년 학생 수는 약 46만명 수준이지만, 2031년에 초등학교에 입학할 학생 수는 약 22만 명에 불과할 것으로 예측된다. 불과 10여 년 사이에 학령인구가 절반 이하로 줄어드는 셈이다.

항목	연도	수치
전국 초등학교 1학년 입학생 수(추계)	2026	약 298,178명
	2027	약 277,674명
	2028	약 262,309명
	2029	약 247,591명
	2030	약 232,268명
	2031	약 220,481명

*출처 : 교육부 학생수 추계

이러한 흐름 속에서 아이들이 대학에 진학해야 할 시점의 환경을 함께 살펴볼 필요가 있다.

2027학년도 기준 전국 4년제 대학의 입학 정원은 약 34만 명 수준이다. 이미 초등학교 1학년 학생 수가 2026학년도에 약 30만 명에 그치고 있는 상황을 고려하면 단순한 수치만 놓고 보았을 때는 대학 진학이 어렵지 않을 것이라 예측해 볼 수 있다. 그러나 현실은 그렇게 단순하지 않다.

대학들의 구조개편

줄어드는 학령인구에 대비해 대학들은 이미 구조 개편에 들어갔다. 서울대를 제외한 다수의 국립대학은 캠퍼스 통합과 정원 조정을 추진하고 있으며, 2026학년도부터 강릉원주대학교와 강원대학교가 통합되어 하나의 국립대로 운영되기 시작했다. 이러한 흐름은 향후 다른 국립대학으로도 확산할 가능성이 크다.

대학의 수는 줄어들고 구조는 바뀌지만, 대학이 스스로의 위상과 경쟁력을 유지하기 위해 고민하는 지점은 분명하다. 이제 대학들은 '얼마나 많은 학생을 뽑을 것인가'보다 '어떤 학생을 선발해야 하는가'에 더 집중하고 있다. 이 변화는 곧 대입 전형의 방향과 우리가 아이들에게 준비시켜야 할 학습의 내용이 달라지고 있음을 의미한다.

변화하는 시대

변화하는 시대는 더 빠르고 더 복잡해지고 있다. AI와 기술의 발전으로 정보는 넘치고 답을 얻는 일은 쉬워졌지만, 그만큼 무엇을 믿고 어떻게 판단할지 스스로 기준을 세우는 힘이 중요해졌다. 즉, 사람은 문제를 발견하고 질문을 만들며 결과를 성찰해 더 나은 방향으로 개선하는 역량이 더욱 요구된다.

결국 변화에 휩쓸리지 않기 위해서는 정보를 더 많이 아는 것보다 핵심을 읽어내고 자기 상황에 맞게 적용하는 힘을 길러야 한다. 변화는 피할 수 없지만 준비의 방향은 선택할 수 있다. 그렇기에 앞으로의 교육은 흔들리지 않는 학습의 기준과 루틴을 세우고 꾸준히 실천하는 태도가 필요하다. 변화의 속도가 빨라질수록 '더 많이'가 아니라 '더 정확하게, 더 깊게, 더 스스로' 배우는 힘이 미래를 버티는 가장 탄탄한 기반이 될 것이다.

인공지능 기술은 빠르게 일상에 스며들기 시작했다. 얼마 전만 하더라도 사람들은 인공지능 시대에는 단순노동이 사라지고 전문직은 비교적 안전할 것이라 예측했다. 그러나, 인공지능 시대가 본격화된 지금은 예술, 의료, 법, 노동 등 어느 분야에서도 과거와 같은 안정성을 장담하기 어려운 상황이 되고 있다. 특히 인공지능이 물리적 영역까지 확장되는 이른바 AGI가 거론되는 시대로 접어들면서 부모들 역시 이전과는 다른 불안을 느끼게 되었다. 누구도 가보지 않은 길이기에 불안은 커질 수밖에 없고 자녀의 미래가 걸린 문제일수록 그 부담은 더욱 크게 다가온다.

불안한 미래

부모라면 누구나 자녀가 자신의 길을 찾고, 능력을 인정받으며 사회의 일원으로 잘 살아가기를 바란다. 2015년 세계경제포럼에서 클라우스슈밥은 4차 산업혁명을 언급하며 기술이 산업의 경계를 허물고 인간의 일과 삶을 근본적으로 재편할 것이라고 경고한 바 있다. 이후 우리나라를 포함한 여러 국가의 교육 전문가들 역시 변화하는 시대에 적응하고 불확실성을 극복할 수 있는 역량을 아이들에게 길러주는 교육이 필요하다고 강조해 왔다. 그러나 지난 10여 년을 돌아보면 우리나라의 대학 입시는 여전히 점수 중심의 경쟁 구조에서 크게 벗어나지 못한 측면이 있다. 하지만 최근 논의되고 있는 2032학년도 대입 개편 방향을 살펴보면, 논·서술형 평가 확대와 내신 및 수능의 절대평가 전환 등 평가 방식의 변화가 제시되고 있다. 이는 단순한 제도의 조정이라 하기보다는 시대가 요구하는 인재상이 달라지고 있음을 보여주는 신호로 해석할 수 있다. 명확한 해답이 없는 변화의 시대 속에서 아이를 키우고 교육한다는 것은 불안과 두려움을 동반할 수밖에 없다. 그러나 이러한 상황 속에서도 길을 찾을 수 있는 힘은 결국 배움의 본질을 이해하는 데서 출발한다. 그렇기에 우리는 지금 이 시점에서 점수를 넘어 아이들에게 어떤 능력과 태도를 길러주어야 할지를 생각해 보아야 한다.

대입관련 교육계 제시안

시기	핵심 변화	준비해야 할 것
2028학년도	통합형 수능 + 5등급 내신	통합형 과목 중심 기본기 강화
2030학년도	절대평가 도입 본격 논의	자기주도·서술형 역량 강화
2032학년도	논·서술형 수능·평가 방식 변화	창의적 사고·문제 해결력 훈련

독서의 중요성

최근 교사들 사이에서 "예전보다 아이들 학력이 떨어진 것 같다"라는 말을 자주 듣게 된다. 그 원인에 대해서는 여러 이야기가 오고 가지만, 많은 전문가가 공통적으로 꼽는 주된 원인은 코로나 팬데믹 시기에 발생한 학습 결손이다.

아이들은 학교에 가지 못한 채 집에서 온라인 수업에 의존할 수밖에 없었고, 수업을 듣기는 했지만 실제로 피드백을 받거나 대면으로 소통하는 경험은 많이 부족했다. 약 2년 가까운 시간 동안 이어진 학습의 부재가 학력 저하를 가져왔을 것이다. 실제로 2022년 교육부의 조사에서 중·고등학생들의 학업 성취도가 전반적으로 하락했다는 결과가 나왔다.

교과별 '3수준(보통학력) 이상' 비율(%)

구분	중3			고2		
연도	국어	수학	영어	국어	수학	영어
2019	82.9	61.3	72.6	77.5	65.5	78.8
2020	75.4	57.7	63.9	69.8	60.8	76.7
2021	74.4	55.6	64.3	64.3	63.1	74.5

*출처 : 교육부

팬데믹 이후 학업성취도는 대부분 개선되었지만, 2020년과 2024년 데이터를 비교해 보면 국어 과목의 기초학력 저하는 여전히 지속되고 있음을 확인할 수 있다.

기초학력 미달 비율 변화 (교육부)

중학교2학년

과목	2020년	2024년	변화
국어	6.40%	10.10%	+3.7%p
수학	13.40%	12.70%	−0.7%p
영어	7.10%	7.20%	+0.1%p

고등학교2학년

과목	2020년	2024년	변화
국어	6.80%	9.30%	+2.5%p
수학	13.50%	12.60%	−0.9%p
영어	8.60%	6.50%	−2.1%p

이는 최근 우리 사회에서 제기되고 있는 문해력 저하에 대한 우려와도 맞닿아 있는 결과라 할 수 있다. 이러한 현상은 짧은 영상과 이미지 중심의 정보 소비가 일상화되면서, 긴 글을 읽고 의미를 파악하며 사고를 이어 가는 경험이 점차 줄어든 데서 비롯된 것으로 볼 수 있다. 실제 교육 현장에서도 글의 핵심을 이해하지 못하거나 자신의 생각을 문장으로 정리하는 데 어려움을 겪는 학생들이 늘고 있다는 지적이 이어지고 있다.

문해력 저하는 국어 과목에만 국한된 문제가 아니다. 수학의 문장제 이해, 사회와 과학 교과의 개념 파악, 수행평가와 서술형 답안 작성 등 학교 학습 전반에 영향을 미치는 기초 역량의 문제다. 결국 읽고 이해하고 생각해 표현하는 힘이 약해질수록, 학습의 깊이 역시 함께 얕아질 수밖에 없다.

이러한 문해력 문제는 단지 학생들만의 과제가 아니다. AI 시대를 맞이하며 정부가 독서에서 해답을 찾고자 한 이유도 여기에 있다. 이러한 인식 아래 2026년 1월 23일, '독서국가 선포식'이 열렸다. 정부는 AI 시대를 살아갈 미래 인재에게 필요한 핵심 역량으로 비판적 사고력, 문제 해결력, 자기주도적 학습 능력을 제시했으며, 이 역량들이 단순한 지식 암기가 아니라 독서를 통해 책을 깊이 이해하고 스스로 생각하는 힘이 길러질 때 비로소 형성될 수 있다는 점을 분명히 했다. 이는 앞으로의 교육 전반이 나아가야 할 방향을 보여주는 흐름이라고 할 수 있다.

독서는 인간 고유의 지적 체력을 기르는 가장 기본적인 방법이며, 2022개정 교육과정과 고교학점제가 요구하는 핵심 역량인 자기주도적 학습 역량, 비판적 사고력, 문제 해결력을 기르는 데 있어 매우 효과적인 학습 수단이다. 특히. 논·서술형 평가가 확대되고 과정 중심 평가가 강화되는 미래 입시 환경에서는 텍스트를 스스로 해석하고 자신의 생각을 논리적으로 구성해 나가는 능력 없이는 상위권 진입이 쉽지 않다.

교육의 변화

팬데믹을 지나오면서 우리는 교육과 학습이 얼마나 중요한지 그리고 학교에서의 배움이 아이들에게 어떤 의미를 갖는지를 다시 한번 생각하게 되었다. 우리나라가 지금까지 빠르게 성장해 올 수 있었던 배경에도 결국 교육의 힘이 있었고, 대부분의 부모 역시 교육의 중요성을 누구보다 잘 알고 있을 것이다. 지금은 그 어느 때보다 아이들의 학습 공백을 어떻게 메워야 할지 또 변화가 빠른 시대를 살아가기 위해 무엇을 어떻게 가르쳐야 할지를 고민해야 하는 시기라고 생각한다.

이러한 변화는 학원가에서도 분명하게 나타나고 있다. 예전에는 학원의 규모와 상관없이 집단 수업이 중심이었고 일대일 수업이나 소수 정예 수업은 특별한 목적이 있는 학생들이 선택하는 경우가 많았다. 그런데 요즘은 대형 학원과 중소형 학원의 역할이 점점 더 뚜렷하게 나뉘고 있다. 대형 학원은 유명 강사의 강의를 제공하거나 모의고사 등을 통해 학생의 위치를 점검하는 기능을 수행하는 반면, 중소형 학원은 개별 학생의 수준과 상황에 맞춘 맞춤형 수업에 초점을 맞추는 경우가 많다. 이는 인구의 변화와 함께 학습에 대한 필요와 방식이 달라지고 있다는 신호로 볼 수 있다.

교육방법의 변화

이제 부모는 아이가 얼마나 많은 진도를 나가고 있는지를 신경 쓰기보다, 배운 내용을 제대로 이해하고 있는지, 그리고 공부한 내용을 자신의 것으로 만드는 시간이 충분한지를 살펴봐야 할 시점이다. 단순히 '공부하고 있다'는 사실보다, 그 공부가 아이에게 어떤 의미로 남고 있는지가 훨씬 중요해졌다.

변화하는 환경 속에서 우리 아이에게 필요한 능력이 무엇인지, 그리고 그 능력을 어떻게 만들어 가야 할지를 차분히 생각해 볼 필요가 있다. 앞으로의 세상에서는 인공지능이 거의 모든 영역에 깊숙이 개입하게 될 가능성이 크다. 이런 시대일수록 누군가가 시켜서 하는 공부보다는, 스스로 찾고 선택하며 이어가는 학습이 더 중요해진다.

공부나 자신이 하고자 하는 일에 몰입하게 만드는 힘은, 결국 좋아하거나 알고 싶어 하는 관심에서 비롯된다. 그리고 그 관심을 실제 학습으로 이어지게 만드는 가장 중요한 힘이 바로 자기주도성이다.

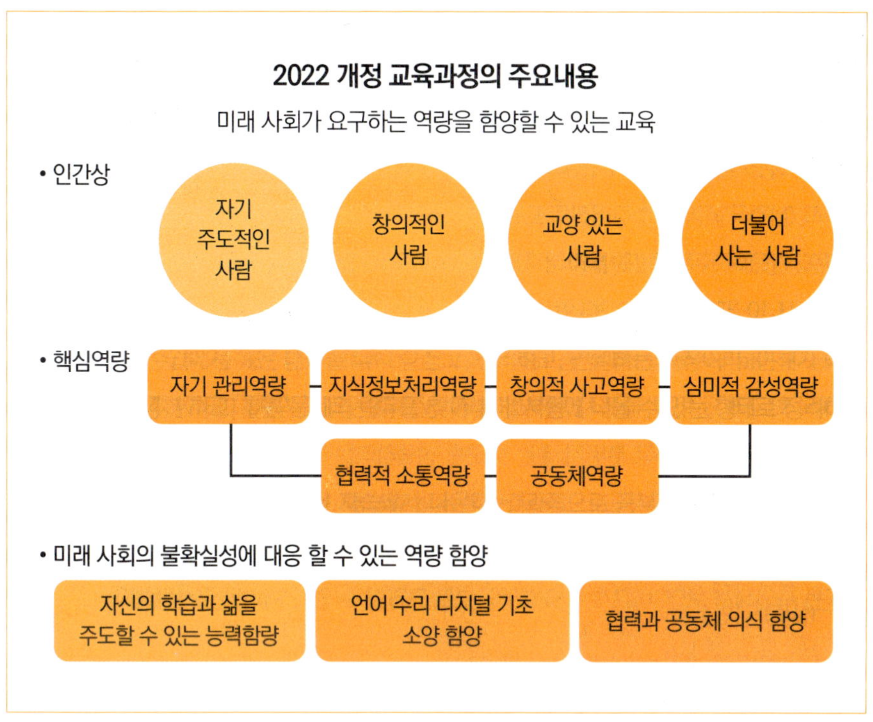

2022 개정 교육과정의 주요 내용이나 그 아래에서 이루어지는 대입 전형을 살펴보면, 대학 역시 학생이 얼마나 주도적으로 학습에 참여했는지를 중요한 평가 요소로 보고 있음을 알 수 있다. 주도성이 없는 학습은 쉽게 흔들리고, 집중하는 힘도 약해지기 때문에 결과 역시 달라질 수밖에 없다. 아무리 좋은 환경과 자료가 주어지더라도, 스스로 배우려는 힘 없이 시켜서 하는 학습만으로는 큰 성장을 기대하기 어렵다.

학습을 점검하자

요즘 부모 중에는 "아이가 하기 싫다는데 억지로 공부를 시키지는 않으려고요"라고 말씀하시는 분들도 있다. 그 마음이 충분히 이해가 된다. 공부라는 것이 마음이 없으면 억지로 끌고 가기 힘든 것도 사실이다.

그렇지만 평생학습의 기본이 만들어지는 초·중·고 시기에 배워야 할 것들은 여전히 중요하다고 생각한다. 사회구성원으로 살아가는데 필요한 상식과 지식 그리고 이후 전문성을 만들어 가는 기초가 이 시기에 쌓이기 때문이다.

① **학업의지**

같은 환경에서 공부하고 같은 숙제를 하는데도 어떤 학생은 성적이 오르고, 어떤 학생은 성적이 쉽게 오르지 않는다. 이유는 여러 가지가 있겠지만, 그중에서 가장 중요한 차이는 공부를 하겠다는 마음이 있는지에 있다. 공부를 하겠다는 마음이 생기면 그것이 의지로 이어지고, 결국 각자에게 주어진 목표를 향해 끝까지 버텨낼 수 있는 힘이 만들어진다.

환경이 만들어 주는 힘도 분명히 있다. 교육특구로 알려진 대치동에서는 대다수 학생이 공부를 '당연한 과정'으로 받아들인다. 그래서 왜 공부해야 하는가에 대한 이유를 따로 설명하지 않아도 자연스럽게 공부를 생활화한다. 재수나 삼수도 큰 부담 없이 선택하고, 원하는 학교에 들어갈 때까지 공부를 놓지 않으려는 태도 역시 이러한 환경적인 영향과 무관하지 않다. 부모들이 분위기 좋은 학교를 선택하려는 이유도 결국 아이가 좋은 환경에서 공부하기를 바라기 때문이다. 물론 학생마다 학습해 온 상황이 달라서 대치동과 같은 교육특구가 누구에게나 좋은 환경이라고 할 수는 없다. 다만 공부에 대한 의지와 태도를 북돋는 측면에서 보면, 비교적 수월하게 공부로 진입할 수 있는 지역임은 분명하다.

상담하다 보면 학부모가 생각하는 자녀의 공부 모습과 실제 공부 모습이 일치하지 않는 경우도 많다. 정말로 공부를 하고 있는지 아니면 공부하는 척을 하고 있는지, 그리고 공부한 만큼 실력이 쌓이고 있는지 점검이 필요하다. 그런데 현실에서는 아직 채워지지 않은 부분에 대한 불안감이 크기 때문에 부모는 점검보다 진도에 더 관심을 두곤 한다. 부모라면 성적 앞에서 객관성을 유지하기가 쉽지 않은 것이 현실이다. 성적이 오르고 상위권으로 올라가는 과정은 한두 가지를 서두른다고 해결되는 일이 아니다. 여러 조건이 함께 맞아떨어져야 가능한 일이며, 그 출발점에는 공부를 이어가게 하는 힘, 즉 학업 의지가 있다.

② **학습 태도와 학습 습관**

공부를 제대로 하고 있는지를 판단하기 위해 가장 먼저 살펴봐야 할 것은 학습 태도와 학습 습관이다. 학습 태도라고 하면 단순히 책상에 앉아 있는 모습만을 떠올리기 쉽지만, 실제로는 학습을 대하는 전반적인 자세를 의미한다. 책상에 앉아 있는 자세, 글을 읽고 쓰는 모습, 학습에 임하는 성실성, 공부의 목적에 대한 인식과 긍정성까지 모두 학습 태도에 포함된다. 결국 마음가짐이 태도로 드러난다고 할 수 있다.

흔히 부모들이 "뒷모습만 봐도 집중하는지 안 하는지 알겠다"고 말할 정도로, 학습 태도에는 많은 정보가 담겨 있다. 실제로 공부할 마음이 있고 집중하고 있는 학생들은 몰입했을 때의 앉아 있는 자세나 펜을 쥐는 모습부터 분명한 차이를 보인다. 객관적인 시선으로 아이의 공부하는 모습을 지켜보면 어떤 학습 태도를 가지고 있는지 또한 어떤 학습 습관이 형성되어 있는지를 어느 정도 파악할 수 있다. 그리고 그 과정을 통해 공부를 방해하고 시간을 소비하게 하는 습관은 없는지도 함께 점검해볼 필요가 있다.

학습 태도와 학습 습관 체크 리스트

☐ 책상에 앉아 있을 때 자세가 쉽게 흐트러지지 않는가
☐ 공부 중 잦은 딴짓이나 불필요한 자리 이탈은 없는가
☐ 문제를 풀 때 스스로 생각하며 접근하는지, 아니면 깊은 고민 없이 답지에 의존하고 있는가
☐ 모르는 부분을 그냥 넘어가지 않고 질문하거나 표시해 두는 습관이 있는가
☐ 숙제를 '끝내는 것'에만 집중하기보다 이해하려는 노력이 보이는가
☐ 오늘 무엇을 공부했는지, 또는 앞으로 무엇을 공부해야 하는지를 스스로 구체적으로 설명할 수 있는가
☐ 휴대전화, 웹툰, 게임 등 공부를 방해하는 요소를 스스로 조절하려는 태도가 있는가

이 체크리스트는 아이를 평가하거나 비교하기 위한 기준이 아니라, 현재 학습 태도와 학습 습관을 점검하기 위한 관찰 도구로 활용하는 것이 바람직하다.

(상담사례)

어느 여름방학에 만났던 고등학교 1학년 남학생의 사례가 떠오른다. 아버지는 이미 자녀에 대한 실망이 커질 대로 커져서 아이를 불신의 시선으로 바라보고 있었다. 학생은 공부에 대한 마음도 없었고 학습 태도나 습관도 거의 잡혀 있지 않았다. 그렇다고 학교에서 문제를 일으키거나 크게 이탈한 학생도 아니었다. 말 그대로 어디에나 있는 공부를 안 하는 평범한 학생이었다. 처음에는 혼자 공부해 본 경험이 거의 없어 자습실에 세 시간을 앉아 있어도 겨우 한 페이지도 읽어내지 못하는 수준이었다. 공부를 한다기 보다는 시간을 때우고 있는 모습에 가까웠다. 처음에는 공부량을 늘리기보다는 규칙적으로 공부 시간을 갖게 하고 아주 작은 양부터 제시하며 스스로 해낼 수 있도록 유도했다. 그렇게 2~3개월이 지나자 조금씩 변화가 나타났다. 공부해보고 싶다는 생각을 하기 시작했고 속도는 느렸지만, 한 걸음씩 나아가기 시작했다. 결국 이 학생은 고3 때 수능을 통해 경기권에 있는 대학에 합격했고, 이후 더 좋은 대학에 가고 싶다는 스스로의 목표와 욕심이 생겨 재수를 선택했다. 현재는 서울에 있는 중상위권 대학에 다니고 있다.

자기주도적인학습 = 성취감

이 사례를 통해 알 수 있었던 것은 작은 성취가 '해보겠다는 태도'를 만들고, 그 태도가 다시 의지로 이어진다는 점이었다. 성적은 학원이나 진도가 만들어 주는 것이 아니다. 스스로 하겠다는 마음을 바탕으로 형성된 태도와 습관이 결국 성과를 만들어 간다. 그렇다면 학습에 대한 태도와 습관은 어떻게 형성될 수 있을까. 그 출발점은 누군가의 지시가 아니라, 본인이 직접 경험한 성취감에 있다.

스스로 계획해 보고, 시도해 보고, 그 과정에서 실패와 경험을 반복하는 시간이 필요하다. 그렇게 하나씩 쌓인 경험 속에서 습관이 만들어지고, 습관이 자리 잡기 전까지 겪는 수많은 시행착오의 과정 자체가 사실은 가장 중요한 학습이라 할 수 있다.

③ 학업성취도 높이기

• 메타인지

학업성취도를 높이기 위해 반드시 짚고 넘어가야 할 개념 중 하나가 메타인지이다. 메타인지는 쉽게 말해, **내가 무엇을 알고 있고 무엇을 모르는지를 스스로 아는 힘**이다. 학생이라면 누구나 똑같이 하루 24시간이라는 시간을 가지고 공부한다. 같은 시간, 비슷한 환경에서 공부하는데도 성적의 차이가 나는 이유를 살펴보면 최상위권 학생들은 공통적으로 자기 자신에 대한 파악이 매우 정확하고 구체적이라는 특징을 가지고 있다. 이 학생들은 자신의 취약한 부분과 이미 어느 정도 완성된 부분을 비교적 정확하게 알고 있다.

평소 학업을 이어가면서 스스로를 점검하고 돌아보는 습관이 형성되어 있기 때문이다. 그래서 사교육을 이용할 때도 무조건 수업을 많이 듣는 방식이 아니라 자신의 시간을 가장 효율적으로 쓰기 위해 어떤 부분이 필요한지, 어떤 부분은 굳이 시간을 투자하지 않아도 되는지를 비교적 명확하게 구분한다. 누구에게나 똑같이 주어진 시간과 에너지를 어디에 써야 하는지를 명확하게 알고 있다는 점에서 차이가 생긴다.

• 회복탄력성

요즘은 어느 학생이든 멘탈 관리가 필요한 상황을 한 번쯤은 겪게 된다. 시험에서 원하는 결과를 얻지 못했을 때, 다음을 위해 무엇이 부족했는지 분석하고 수정하는 과정이 있어야 같은 실패를 반복하지 않을 수 있다. 누구나 실수할 수 있고, 실패를 경험할 수도 있다. 하지만 입시가 가까워질수록 아이와 부모의 마음은 조급해지고, 아이의 실패나 실수에

너그러워지기가 쉽지 않은 것이 현실이다.

중학교 때까지 공부를 잘하던 학생들 가운데서도, 고등학생이 되면서 성적이 하락했을 때 그 충격을 이기지 못하고 그대로 주저앉는 경우를 종종 보게 된다. 이런 사례들을 살펴보면, 그동안 실패를 거의 경험해 보지 못한 경우가 많다. **실패 이후 다시 도전할 수 있는 힘을 회복탄력성**이라고 하는데, 회복탄력성이 있는 아이들은 실패 앞에서 회피하기보다는 다시 시도할 방법을 찾으려 한다. 이러한 태도는 대학 입시분 아니라, 이후의 삶에서도 그대로 드러난다. 취업 준비 과정에서 반복되는 '거절' 앞에서도 다시 도전할 수 있는 힘, 그것 역시 회복탄력성이라 할 수 있다. 부모는 다양한 경험을 통해 아이가 자신의 삶을 위해 노력하고, 그 노력에 대한 정당한 보상을 받으며 살아가기를 바란다. 그렇다면 최소한 대입 준비가 본격적으로 시작되기 전까지라도 아이가 스스로 계획을 세워보고 실패도 해보고 다시 일어나는 경험을 할 수 있는 기회를 마련해 주어야 한다.

또 하나, 학업성취도를 높이기 위해 필요한 중요한 요소는 꾸준함과 일정한 강도의 학습이다. 얼음이 단단하게 얼기 위해서는 낮은 온도가 일정하게 유지되어야 하듯이, 공부 역시 들쭉날쭉한 노력보다는 규칙적이고 지속적인 학습 속에서 성적이 오른다. 특히 고등학교 공부는 '공부한 만큼 바로 성적이 오르는 구조'가 아니다. 공부량과 시간이 누적되어야 하며, 성과는 뒤늦게 나타나는 경우가 많다. 그래서 이번 학기에 성적이 오르지 않았다고 해서 쉽게 좌절하기보다는, 다음을 위해 무엇을 더 보완해야 할지를 고민해보는 과정이 필요하다. 자신의 공부 시간을 돌아보고, 언제 집중이 잘 되는지, 어떤 장소에서 효율이 높은지를 파악하면서 스스로 집중하려는 습관을 만들어 가야 한다. 이러한 과정이 쌓일수록 학업성취도 역시 서서히, 그러나 분명하게 달라지게 된다.

④ 시간관리

공부는 하고 있는데 성적이 잘 오르지 않는다고 말하는 학생들 중에는 자신의 시간을 소모하는 방해 요소를 가지고 있는 경우가 많다. 그 방해 요소는 게임, 웹툰, 핸드폰, 태블릿 PC인 경우가 대부분이다.

그중에서도 요즘 가장 큰 문제는 휴대폰과 태블릿 PC이다. 이런 기기들을 어떻게 관리 하느냐에 따라 입시의 결과가 달라진다고 해도 과언이 아닐 정도다. 실제로 공부를 열심히 하겠다고 결심한 학생들 중에는 SNS가 설치되지 않는 휴대전화나 2G폰으로 바꾸는 경우도 있고, 아예 휴대폰을 가지고 다니지 않는 경우도 있다. 최근에는 정해진 시간 외에는 휴대폰을 사용할 수 없게 만드는 기기들도 등장했다. 그만큼 절제가 쉽지 않다는 뜻일 것이다.

사실 어른들조차도 길을 걸으면서도 화면에서 눈을 떼지 못하는 모습을 흔히 볼 수 있다. 이런 상황에서 아이들에게 의지만으로 기기를 관리하라고 말하는 것은 현실적이지 않다. 환경을 만들어 주고, 반복적으로 노력할 수 있도록 돕는 과정이 필요하다. 특히 휴대폰과 태블릿 PC는 수면 시간 관리에 치명적인 영향을 준다. 잠자는 동안 뇌는 기억을 강화하고 하루 동안의 학습을 정리하는 회복 과정을 거치기 때문에 공부하는 학생에게 수면의 질과 수면 시간은 무엇보다 중요하다.

학생들 중에는 공부 계획 세우는 것을 어려워하는 경우가 있다. 계획을 세워 본 경험이 없거나 누군가의 강요로 공부 계획을 세운다면 계획의 필요성을 느끼지 못할 수 있다. 꼭 계획을 세우고 공부를 해야 하는 것은 아니지만 시간을 효율적으로 사용하기 위해 공부에 집중하는 시간과 숙제에 들이는 시간을 파악하고 계획을 세워보는 것은 필요하다.
성적을 올리기 위해서는 하루 중 집중해서 공부할 수 있는 시간이 얼마나 되는지, 그리고 그 시간 안에 어느 정도의 학습량을 소화할 수 있는지를 먼저 파악해 볼 필요가 있다. 누구에게나 똑같이 주어진 24시간을 어떻게 효율적으로 활용하느냐가 성적 향상에 중요한 영향을 미치기 때문이다.

학습의 기본은 그 누구의 화려한 공부법이 아니라 자기 자신에게 잘 맞는 방법을 알아내고 그것에 맞춰서 꾸준히 실천하는 힘이다. 공부 잘하는 친구나 선생님의 방법을 참고하는 것은 도움이 될 수 있지만, 그대로 따라 한다고 성적이 오르지는 않는다. 자신의 방법이 항상 맞는 것도 아니고 누군가의 방법이 모두에게 정답일 수도 없다. 시행착오를 겪으면서 스스로 수정해 나가는 과정에서 진짜 실력이 만들어진다. 그렇기 때문에 혼자 공부하는 시간이 필요하고 학원 수업만으로 실력이 늘지 않는 것이다. 강의나 자료를 단순히 '듣고 보는 것'에서 끝내지 말고 반드시 자기만의 말로 정리하는 과정이 필요하다. 배움을 내 것으로 만드는 시간 그리고 스스로 고민할 수 있는 시간이 충분해야 실력이 쌓이게 된다.

대입의 변화에 따른 학습의 변화 (2022 개정 교육과정)

2028학년도 대입은 5등급제로 전환된 내신 체계와 통합형 수능을 바탕으로 치러진다. 아직 모든 제도가 완전히 정착된 것은 아니며, 여러 변화가 동시에 진행되고 있으므로, 앞으로의 대입 역시 추가적인 변화를 예고하고 있다.

이 장에서는 변화된 대입 전형 가운데 어떤 부분이 실제로 달라졌는지 그리고 그 변화가 학생들의 학습에 어떤 의미를 갖는지를 살펴보고자 한다.

2022 개정 교육과정에서 가장 두드러진 변화는 내신 평가 방식과 수능 체계의 변화라 할 수 있다. 학생들의 과도한 학업 부담을 덜어주고 지나친 경쟁을 줄이기 위해 내신 성적 체계는 기존의 9등급제에서 5등급제로, 수능은 공통과목을 치루도록 변화되었다. 또한 2022 개정 교육과정과 함께 본격적으로 시행되고 있는 고교학점제에서는 학생들이 자신의 진로와 적성에 따라 다양한 과목을 선택해 이수할 수 있도록 제도가 설계되었다. 이는 학생 개개인의 진로 맞춤형 학습을 강화하겠다는 취지를 담고 있다.

영역	현행(~2027 수능)	개편안(2028 수능 ~)
국어	**공통 +** 2과목 중 택 1 · **공통**: 독서, 문학 · **선택**: 화법과 작문, 언어와 매체	**공통** (화법과언어, 독서와작문, 문학)
수학	**공통 +** 3과목 중 택 1 · **공통**: 수학Ⅰ, 수학Ⅱ · **선택**: 확률과 통계, 미적분, 기하	**공통** (대수, 미적분Ⅰ, 확률과통계)
영어	공통 (영어Ⅰ, 영어Ⅱ)	공통 (영어Ⅰ, 영어Ⅱ)
한국사	공통 (한국사)	공통 (한국사)

영역	현행(~2027 수능)	개편안(2028 수능 ~)
탐구 사회 · 과학	**17과목 중 최대 택 2** · 사회: 9과목 　한국지리, 세계지리, 세계사, 　동아시아사, 경제, 정치와 법, 사회·문화, 　생활과 윤리, 윤리와 사상 · 과학: 8과목 　물리학Ⅰ, 화학Ⅰ, 생명과학Ⅰ, 　지구과학Ⅰ, 물리학Ⅱ, 화학Ⅱ, 　생명과학Ⅱ, 지구과학Ⅱ	· **사회 : 공통** 　(통합사회) · **과학 : 공통** 　(통합과학)
직업	**1과목 : 5과목 중 택 1** **2과목 : 공통+[1과목]** · **공통**: 성공적인 직업생활 · **선택**: 농업기초기술, 공업 일반, 　상업 경제, 수산해운산업기초, 　인간 발달	· **직업 : 공통** 　(성공적인직업생활)
제2외국어 /한문	**9과목 중 택 1** · 제2외국어/한문: 9과목 독일어Ⅰ, 프랑스어Ⅰ, 스페인어Ⅰ, 중국어Ⅰ, 일본어Ⅰ, 러시아어Ⅰ, 아랍어Ⅰ, 베트남어Ⅰ, 한문Ⅰ	**9과목 중 택 1** · 제2외국어/한문: 9과목 독일어, 프랑스어, 스페인어, 중국어, 일본어, 러시아어, 아랍어, 베트남어, 한문

※ 음영표기는 '절대평가' 적용 영역

그러나 현실적으로는 몇 가지 한계도 함께 드러나고 있다. 몇몇 융합 과목을 제외한 대부분의 과목이 5등급 상대평가로 운영되면서 학생들이 성적관리를 해야 하는 과목 수가 오히려 늘어났다는 점이다. 선택 과목이 증가한 만큼 평가 대상 과목도 함께 늘어나 학생들이 체감하는 학업 부담이 줄어들었다고 보기는 어려운 상황도 발생하고 있다.

이러한 문제의식 속에서 교육계에서는 내신 절대평가 전환에 대한 논의가 점차 확대되고 있다. 이는 단순히 성적 산출 방식을 바꾸는 차원을 넘어, 고교학점제의 취지를 살리고 학생들의 학습 부담을 실질적으로 완화하기 위한 방안으로 제기되고 있는 흐름이라 할 수 있다.

무엇이 변하였는가?

변화하는 교육과정 속에서 원하는 대학입학이나 진로를 위해서는 무엇을 알아야 하고 어떤 준비가 필요할지를 미리 살펴보는 것이 중요하다.

대학입시에서 무엇보다 중요한 요소는 여전히 교과 성적이라 할 수 있다. 내신 5등급제에서 1등급(상위 10%)이나 2등급(상위 약 34%)을 받는 것은 대부분의 입시 전형에서 기본적인 경쟁력을 의미한다. 그러나 현실적으로 1등급을 받는 일은 결코 쉽지 않다. 공부를 하는 것과 실제로 성적을 만들어내는 것은 비슷해 보이지만 분명히 다른 영역이 존재한다. 대입을 목표로 성적을 끌어올린다는 것은 단순히 학습량을 늘리는 것을 넘어, 계획을 세우고 이를 실천하며 학습 과정을 구체화해 나가는 과정을 의미한다. 이러한 준비의 중요성은 알지만 실제로 이를 꾸준히 실행에 옮기는 일은 많은 학생에게 쉽지 않은 과제이기도 하다. 학생부 위주 전형인 교과전형과 학생부종합전형에서 교과 성적이 중요한 것은 물론이며, 최근에는 논술전형이나 수능 성적 중심의 정시전형에서도 학생부 성적을 함께 반영하는 대학이 점차 늘어나고 있는 추세이다. 이로 인해 고등학교 내신 관리의 중요성은 전형 구분 없이 더욱 커지고 있다.

등급	2027학년도	2028학년도	등급
1등급	1~4%	1~10%	1등급
2등급	~11%		
3등급	~23%	34%	2등급
4등급	~40%		
5등급	~60%	66%	3등급
6등급	~77%		
7등급	~89%	90%	4등급
8등급	~96%		
9등급	~100%	100%	5등급

수행평가

수시와 정시에서도 활용이 되는 고등학교 내신성적은 지필 평가만으로 이루어지지 않는다. 대부분의 학교에서 수행평가가 약 40% 내외로 반영되고 있으며, 수행평가는 내신 점수에 포함도 되지만 교사가 작성하는 '세부능력 및 특기사항(세특)'에도 기록된다. 이 때문에 수행평가는 대입에서 매우 중요한 요소로 작용한다.

수행평가를 성실히 준비하고, 자신만의 개성과 탐구 요소를 담아낸다면 학생부의 질은 크게 달라질 수 있다. 수행평가는 수업 시간 안에서 사고하고, 글을 쓰고, 자신의 의견을 정리해 발표하는 등 다양한 방식으로 제시되고 있으며, 이러한 활동들이 학생의 학습 태도와 역량을 보여주는 중요한 근거가 된다.

이제는 단순히 점수만 높다고 해서 대학에 진학할 수 있는 시대는 아니다. 교과 성적을 기반으로 수행평가와 학생부 전반에서 학습 과정과 사고력을 함께 보여주는 준비가 무엇보다 중요한 시점이라 할 수 있다.

대입전형의 이해

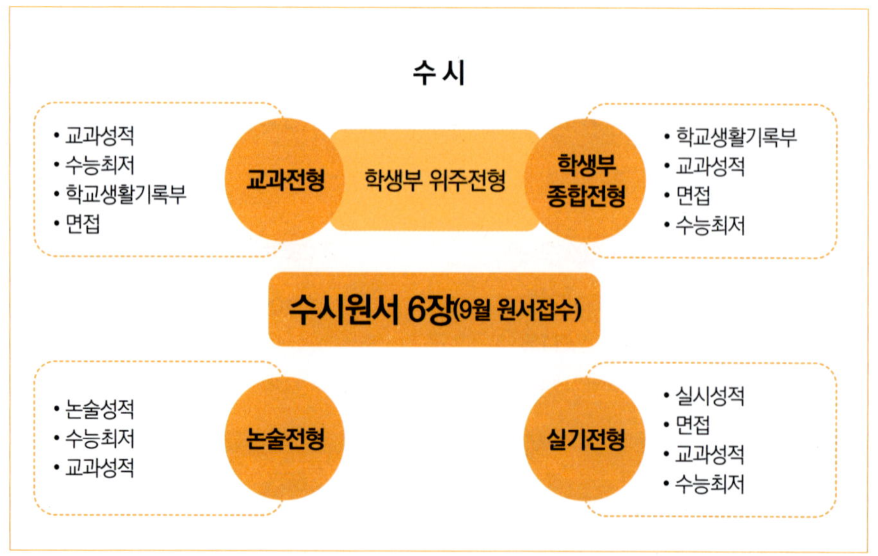

① 교과전형

학생부 성적을 중심으로 선발하는 전형은 대학마다 명칭이 다르게 사용되는 경우가 많다. 학생부교과전형, 교과우수자전형, 학교추천전형, 지역균형전형 등 다양한 이름으로 운영되고 있지만, 공통적으로 교과 성적을 핵심 평가 요소로 학생을 선발하는 전형이라는 점에서는 동일하다.

이러한 교과전형에서는 많은 대학이 수능 최저 학력 기준을 함께 적용하고 있다. 따라서 교과전형을 목표로 하는 학생들은 내신 성적 관리뿐만 아니라 수능 성적 관리에도 소홀함이 없어야 한다. 또한 교과전형은 대학별로 교과 성적 반영 방식과 전형 방법이 서로 다르다. 반영 과목의 범위, 학년별 반영 비율, 가중치 적용 여부 등이 대학마다 상이하며, 일부 대학 에서는 면접을 실시하기도 한다. 이 때문에 지원을 희망하는 대학의 전형 요강을 정확히 이해하고 준비하는 것이 무엇보다 중요하다. 더 나아가 최근에는 교과전형임에도 불구하고 상위권대학을 중심으로 학생부를 정성적으로 평가하는 경우도 늘어나고 있다. 단순한 성적 수치뿐 아니라 학생부에 기록된 학교 활동 내용들을 함께 살펴보고 있다. 이러한 변화로 인해 교과전형을 준비하는 학생들도 학생부 전반에 대한 관리에 신경을 써야 하는 상황이 되고 있다.

결국 교과전형은 교과 성적을 중심으로 수능 준비와 학생부 관리까지 함께 요구하는 전형으로 변화하고 있으므로 이에 대한 균형 잡힌 준비 전략이 필요하다.

대학	전형명	모집단위	전형방법	모집인원	수능최저학력기준
가톨릭대 (서울)	지역균형	간호	교과100	14	국,수,영,탐(1) 중 3개합 7등급
		의예	교과100+ 인적성면접(합/불)	10	국,수,영,과(절사) 4개 합 5등급, 한4
건국대	KU지역균형	인문, 자연	교과70+서류30	475	없음
경기대 (서울)	학교장추천	인문	교과90+출결10	24	없음
	교과성적우수자	인문	교과90+출결10	12	국,수,영,탐/직(1) 중 2개 합 7등급, 한6
경희대	지역균형	인문, 자연	교과56+출결7+ 봉사7+서류30	518	국,수,영,탐 중 2개 합 5등급, 한5 의예,한의예,치의예,약학: 국,수,영,탐 중 3개합 4등급, 한5
고려대	학교추천	인문, 자연	교과90+서류10	653	국,수,영,탐(1) 중 3개 합 7등급, 한4 의대:국,수,영,탐(1) 4개 합 5등급,한4
광운대	지역균형	인문, 자연	교과100	203	없음
국민대	교과성적우수자	인문, 자연	교과100	401	인문: 국,수,영,탐(1) 중 2개 합 6등급 자연:국,수,영,과(1) 중 2개 합 6등급
동국대	학교장추천인재	인문, 자연	교과70+서류30	400	없음

*출처: 2026대입정보119

② **학생부종합전형**

학생부종합전형은 학교생활기록부를 중심으로 학생의 학업 역량과 성장 과정을 정성적으로 평가하는 전형이다. 대학은 단순하게 성적을 수치로만 보는 것이 아니라, 고등학교 재학 기간에 학생이 어떤 태도로 학습에 임했고 어떤 방향으로 성장해 왔는지를 종합적으로 살펴본다.

대학에서 주로 평가하는 학교생활기록부의 항목은 다음과 같다.

- 출결 상황
- 창의적 체험활동상황(자율활동, 동아리활동, 진로활동, 봉사활동 실적)
- 교과학습발달상황(성적과 세부능력 및 특기사항 포함)
- 행동특성 및 종합의견

이들 항목을 통해 대학은 학생의 성실성, 학업태도, 전공적합성, 탐구역량, 협업능력 등을 정성적 으로 판단한다.

특히 교과 성적과 함께 세부능력 및 특기사항에 기록되는 수업 참여 태도, 탐구 과정, 사고의 깊이는 학생부종합전형에서 매우 중요한 평가 요소로 작용한다. 동일한 성적을 가진 학생이라 하더라도 학습 과정과 활동 내용에 따라 평가 결과는 크게 달라질 수 있다.

학생부종합전형 역시 교과전형과 마찬가지로 대학별 전형 방법에 차이가 크다. 대학에 따라 면접을 실시하는 경우도 있고, 수능 최저 학력 기준을 적용하는 대학과 적용하지 않는 대학이 나뉜다. 또한 일부 대학은 1단계 서류 평가 후 2단계 면접을 진행하는 등 단계별 전형 방식을 운영하기도 한다. 따라서 학생부종합전형을 준비할 때는 각 활동이 교과 학습을 통해 진로와 어떻게 연결되는지 그리고 그 과정이 학생부에 어떻게 기록되는지를 고려한 전략적인 준비가 필요하다.

대학	전형명	모집인원	전형방법
고려대	학업우수	828	서류 100
	계열적합	488	1단계(5배수): 서류 100, 2단계: 1단계60+면접40
광운대	참빛인재Ⅰ-면접형	252	1단계(3.5배수): 서류 100, 2단계: 1단계60+면접40
	참빛인재Ⅱ-서류형	219	서류 100
덕성여대	덕성인재Ⅰ	111	서류 100
	덕성인재Ⅱ	214	1단계(4배수): 서류 100, 2단계: 1단계60+면접40 ※약학, 글로벌융합(유아), 가상현실, 데이터사이언스, AI, 신약은 1단계(3배수) 진행

대학	전형명	모집인원	전형방법
명지대	명지인재면접	198	1단계(4배수): 서류 100, 2단계: 1단계70+면접30
	명지인재서류	207	서류 100
서울시립대	학생부종합 I	436	1단계(3배수): 서류 100, 2단계: 1단계50+면접50
	학생부종합 II	80	서류 100
서울여대	바름인재서류	184	서류 100
	바름인재면접	210	1단계(5배수): 서류 100, 2단계: 1단계50+면접50

*출처: 2026대입정보119

③ 논술전형

논술전형은 논술 시험의 성적이 중심이 되는 전형이다. 일부 대학에서는 교과 성적을 일정 비율 반영하기도 하지만, 대부분 대학에서는 논술의 비중이 매우 높기 때문에 실제 합격과 불합격은 논술 점수에서 갈린다고 볼 수 있다. 즉, 논술전형은 이름 그대로 논술이 가장 강력한 변별 요소로 작용하는 전형이다.

논술전형은 상당수 대학이 수능 최저학력기준을 함께 적용하고 있으며, 그 기준과 적용 방식은 대학마다 다르다. 따라서 논술 실력뿐 아니라 수능 성적 역시 일정 수준 이상을 유지해야 한다.

논술의 유형은 계열에 따라 차이가 있다. 인문계열 논술은 주로 제시문을 바탕으로 한 언어 논술이 중심이 되며, 독해력과 사고력, 그리고 자신의 생각을 논리적으로 서술하는 능력을 평가한다. 단순히 글을 잘 쓰는지를 보는 것이 아니라 제시문의 핵심을 정확히 이해하고 이를 근거로 자신의 주장을 구조화할 수 있는지를 중요하게 본다.

자연계열 논술은 대부분 수리 논술이 중심이며, 수학적 개념에 대한 이해와 문제 해결 과정, 그리고 풀이의 논리성을 평가한다. 정답뿐 아니라 풀이 과정과 사고의 흐름이 중요한 평가 요소가 된다.

④ 실기·실적 중심 전형

실기나 실적 중심으로 선발하는 예체능 계열 대학은 수시와 정시 모두에서 학생을 선발한다. 이 전형의 기본 전제는 실기 실력이지만, 실제 입시 현장에서는 실기 실력만으로 합격이 결정되는 경우는 점점 줄어들고 있다. 대부분 지원자가 일정 수준 이상의 실기 실력을 갖추고 있기 때문에 최종 합격 여부는 교과 성적이나 수능 성적에서 갈리는 경우가 많다.

이러한 이유로 예체능 계열을 준비하는 학생들일수록 오히려 성적 관리에 더 많은 신경을 써야 한다. 실기 실력은 기본 조건이 되고, 그 위에서 성적이 합격을 좌우하는 구조로 바뀌고 있기 때문이다. 따라서 "성적이 잘 나오지 않으니 미술이나 체육으로 대학을 가겠다"라는 식의 접근은 더 이상 현실적인 선택이 되기 어렵다. 예체능 계열 역시 실기 실력과 함께 교과 성적이나 수능 성적이 뒷받침될 때 합격 가능성이 높아진다.

또한 일부 대학에서는 실기 시험 없이 선발하는 비실기전형도 운영하고 있다. 하지만 이러한 전형은 일반 학과와 비교해도 결코 낮은 성적 기준을 요구하지 않는다. 오히려 일정 수준 이상의 내신 성적이나 수능 성적을 갖춘 학생들 사이에서 경쟁이 이루어지는 경우가 많아 성적 부담이 더 크게 느껴질 수도 있다.

결국 예체능 계열 진학은 실기와 성적 중 하나를 포기하고 선택하는 문제가 아니라 두 요소를 함께 고려해 판단해야 하는 문제라고 할 수 있다. 실기 실력이 어느 정도 완성되어 있고, 동시에 교과 성적이나 수능 성적도 안정적으로 유지될 때 전형 선택의 폭이 넓어진다. 따라서 예체능 진학을 고민한다면 실기 준비와 함께 학업 관리 역시 병행하는 전략이 무엇보다 중요하다.

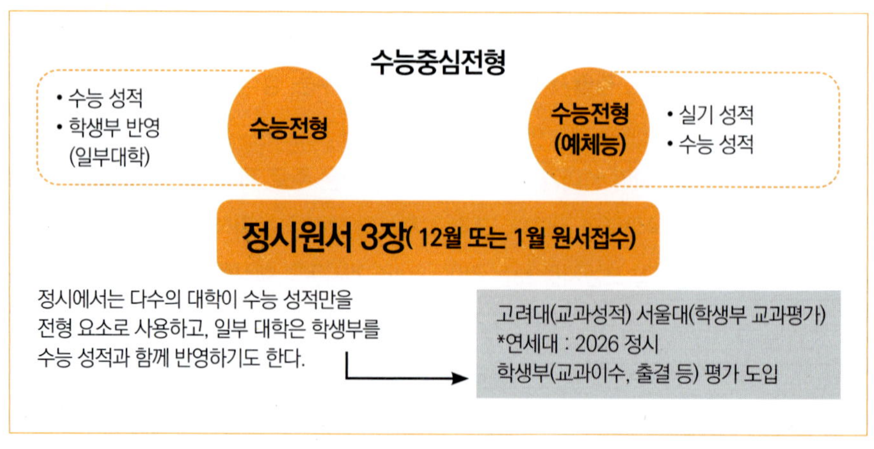

⑤ 정시전형

정시는 수능위주전형으로 수능 100%로 뽑는 전형이 대부분이다. 그러나 최근에는 상위권 대학을 중심으로 학생부를 정성적으로 평가하거나, 교과 성적과 출결을 함께 반영하는 대학들이 점차 늘어나고 있는 추세다. 이러한 흐름 속에서 2028학년도부터는 정시에서도 수능 점수와 학생부를 함께 반영하는 대학이 더욱 확대될 가능성이 크다. 따라서 정시를 목표로 하는 학생이라 하더라도 수능 성적 관리뿐 아니라 학생부 관리에도 소홀함이 없어야 한다.

또한 5등급제 내신 체제로 전환되면서 내신의 변별력이 약해진 만큼 2028학년도 정시에서는 대학이나 학과에 따라 수능 과목별 반영 비율을 보다 세분화하여 적용할 가능성도 있다. 변화된 수능을 처음 치르게 되는 학생들을 위해 교육부는 통합사회와 통합과학 과목에 대한 예시 문항을 발표하였는데, 이를 참고하면 수험생들에게 다소 낯설 수 있는 수능 과목의 출제 방향과 평가 의도를 이해하는 데 도움이 될 것이다.

⑥ 면접

앞으로 변화가 예고되는 대입 환경에서는 면접이 수시뿐만 아니라 정시에서도 더욱 적극적으로 활용될 수도 있다.

수시 전형에서 면접은 대학이 학생부에 기록된 내용이 실제 학생의 역량과 태도에서 비롯된 것인지를 확인하는 가장 직접적인 평가 방식이다. 여기에 논·서술형 평가 확대 흐름이 더해지면서 단순한 지식을 묻기보다는 이해와 적용을 바탕으로 자신의 사고를 확장해 온 과정을 확인하는 면접이 늘어날 가능성이 크다. 즉, 근거를 논리적으로 연결하고 자신의 언어로 설명하는 능력을 종합적으로 평가하려는 방향으로 면접의 성격이 변화하고 있다.

특히 2028학년도 대입 전형에서는 내신 등급 간 변별력이 커지고, 수능 체계가 상대적으로 간소화될 가능성이 제기되면서 면접이 학생을 가려내는 중요한 평가 요소로서 그 역할과 비중이 점차 강화될 것으로 보인다.

대입의 방향성

미래의 초, 중등교육은 스스로 학습할 역량을 기르는 학습자 중심의 학습이 필요하고 이를 통한 통섭과 융합이 가능한 인재를 기르는 방향으로 전환되고 있다. 미래인재상을 정확하게 예측하기는 어렵지만, 국교육위원회에서는 창의적 인재, 전문가형 인재, 멀티플레이어형 인재, 통합, 융합형 인재로 예측하고 있다.

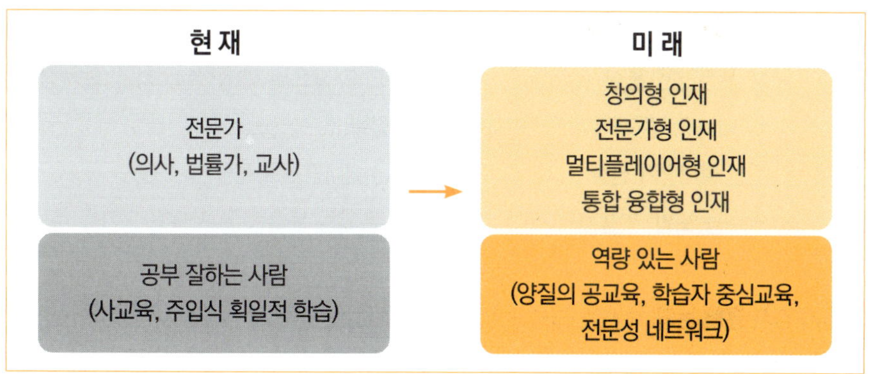

*출처: 국가교육위원회〈저출생시대 교육시스템 개선방안 연구〉

여러 자료와 언론 보도를 통해 살펴보면, 우리나라 교육 전반은 분명한 방향성을 가지고 변화하고 있음을 알 수 있다. 교육 현장에 있는 사람이라면 공통적으로 학생들의 학습 방법이 달라져야 한다는 점을 인식하고 있으며 이를 지속적으로 주장하고 있다. 이는 단순한 제도 변화가 아니라 교육의 패러다임 자체가 전환되고 있음을 의미한다.

그렇다면 이러한 변화 속에서 우리의 아이들은 미래 교육과 학습을 위해 무엇을, 어떻게 준비해야 할까?

2032학년도 대입 개편을 두고 현재 여러 교육 기관과 교육청, 전문가 집단에서 다양한 제안을 제시하고 있다. 아직 하나의 제도로 확정된 것은 아니지만, 공통적으로 나타나는 변화의 방향은 분명하며 우리는 이러한 흐름을 면밀히 살피고 미리 대비할 필요가 있다.

그중에서도 가장 주목해야 할 변화로 논·서술형 평가의 확대 가능성을 들 수 있다. 교실 내 수행평가를 비롯해 수능 그리고 수능 외 대학별 평가에 이르기까지 논·서술형 평가에 대한 언급이 여러 경로를 통해 지속적으로 제기되고 있다. 논·서술형 평가는 단기간의 대비만으로는 좋은 성과를 기대하기 어렵다. 어려서부터 장기적인 준비가 반드시 필요한 영역이라 할 수 있다. 그렇다면 논·서술형 평가에 대비하기 위해서는 무엇이 필요할까?

논·서술형 평가의 핵심은 결국 자신의 생각을 논리적으로 표현하는 능력이다. 그리고 자신의 생각을 표현하기 위해서는 그 바탕이 되는 충분한 배경지식과 사고의 틀이 선행되어야 한다. 즉, 생각하고 정리하고 이어갈 수 있는 논리적 사고력을 기르는 과정이 필수적이다. 이를 위해 학생들은 독서와 다양한 체험과 경험 그리고 꾸준한 글쓰기 연습을 통해 자신의 생각을 구조화하고 표현하는 훈련을 지속적으로 해 나가야 할 것이다. 이러한 과정이 쌓일 때 변화하는 입시 환경 속에서도 흔들리지 않는 학습 역량을 갖출 수 있을 것이다.

2032학년도 대입 제도 개편 방향 (논의 중)

정부의 공식 확정안은 통상 시행 4년 전인 2027년경 발표될 예정이나, 최근 교육청 및 전문가들 사이에서 제시된 핵심 변화 방향은 다음과 같다.

1. **수능 및 내신 절대평가 전환**: 전 영역을 5단계(A~E) 절대평가로 전환

2. **논·서술형 수능 도입**: 학생들의 사고력을 측정할 수 있는 논술형 및 서술형 평가를 수능에 도입하는 방안검토.

3. **수시·정시 통합 논의**: 수시와 정시 모집 시기를 하나로 통합하고, 수능을 자격고사화하거나 시행 시기를 9월경으로 당김.

아직 확정되지 않은 내용이지만 면밀히 살피고 변화를 읽고 장기적인 관점에서 준비하는 것이 필요하다. 2032학년도 대입 변화를 이해하기 위해서는, 그 출발점이 되는 2028학년도 대입 개편을 먼저 살펴볼 필요가 있다. 2028학년도 대입개편을 우선적으로 발표한 서울대학교와 경희대학교의 변화를 통해 앞으로 대학들이 어떤 역량을 갖춘 학생을 선발하고자 하는지를 살펴보고자 한다.

① 2028학년도 서울대학교

1단계	2단계	
수능	수능	교과역량평가
100%(3배수)	60%	40%

2028학년도 서울대의 가장 큰 변화는 정시모집에서의 수능점수 반영 방식이다.

수능위주전형(일반전형)은 2028학년도부터는 수능 등급을 활용해 1단계에서 3배수를 선발하고, 2단계에서 교과역량평가를 40%를 보고자 한다. 이는 수능의 변별력을 약화시킬 것이고, 정시라고 해서 수능 공부에만 집중하기 보다는 충실한 학교생활을 병행하며 남과 다른 자신만의 역량을 드러내야 하는 것이다.

정시모집 수능위주전형(일반전형) 에서 교과역량평가 도입은 수시와 정시 모두에 걸쳐 큰 파급 효과를 가져올 것으로 예상된다.

서울대에서는 단순한 지식, 성적 중심에서 벗어나 학습 과정과 사고력, 태도, 소통 능력을 종합적 으로 평가하는 방식을 제시하고 있다. 또한 서울대에서는 앞으로 단순한 지식을 쌓기보다는 스스로 사고하는 과정을 보고자 하는 것이고 탐구의 경험과 질 관리가 필요하다고 얘기하고 있다.

즉, 자기주도적인 학습을 하면서 자신만의 스토리를 구조화하는 과정을 만들어 가야 한다는 것을 예고하고 있다.

② **2028학년도 경희대학교**

2028학년도 경희대학교 정시모집

구분	수능일반전형(수능형)	수능일반전형(수능·학생부형)
모집인원	수능일반전형의 30% 내외	수능 90%+학생부 교과/비교과 (출결/봉사) 10%
수능 반영 영역 및 비율	모집단위 특성을 반영하여 계열별 수능 반영영역 및 비율 다르게 반영 – 인문/사회/자연/예술·체육계열	

경희대학교가 발표한 2028학년도 대입 계획안에 따르면, 정시 전형에서 수능 성적만으로 선발하는 인원은 약 30% 수준이며, 나머지 인원은 학생부를 함께 반영하는 방식으로 선발할 예정이다. 또한 모집단위의 특성을 고려하여 수능 반영 영역과 반영 비율을 차등 적용하는 방안도 제시되었다.

미래 입시가 요구하는 학습의 본질

경희대와 서울대의 2028학년도 전형 변화를 살펴보면, 2032학년도 대입은 더 이상 '점수만으로 학생을 선발하는 체제'에 머물지 않고 학교에서의 학습이 얼마나 충실했는지 그리고 그 과정에서 어떤 사고 과정을 거쳤는지를 확인하는 방향으로 이동할 가능성이 크다는 점을 알 수 있다.

정시는 여전히 수능을 중심으로 운영되겠지만, 여기에 학생부나 교과 역량 요소를 함께 결합하는 형태로 점차 확장될 가능성이 있다. 수시는 고교학점제 환경 속에서 학생이 어떤 과목을 어떤 맥락에서 선택했고, 그 과정에서 어떤 교과를 기반으로 탐구를 진행해왔는지를 중심으로 변별하려는 움직임이 더욱 강화될 것으로 보인다.

또한 인공지능이 학습과 평가에 개입이 되는 만큼 대학은 단순한 결과물보다 학습의 과정이 어떻게 이루어졌는지에 대한 과정과 학교 현장에서의 관찰과 기록을 더욱 중요하게 여길 가능성이 있다.

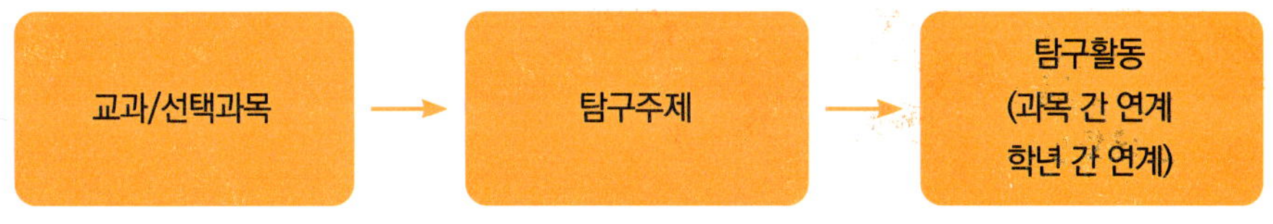

그렇다면 이러한 변화의 흐름 속에서 무엇을 준비하고 있어야 할까?

2032학년도 대입을 기준으로 볼 때, 이제 입시는 단기간의 전략이나 특정 전형에 맞춘 준비만으로 대응하기 어려운 구조로 변화하고 있다. 따라서 학년과 시기에 따라 준비의 초점은 달라질 수 있으나, 공통적으로 갖추어야 할 방향성은 분명하다.

변화하는 입시에 대한 대비

중학생 시기의 준비는 학습의 기초 체력과 사고의 틀을 만드는 과정에 가깝다. 이 시기에는 성적 자체보다도 글을 읽고 이해하는 힘, 자신의 생각을 말과 글로 표현하는 경험, 그리고 수업 속 질문과 탐구에 익숙해지는 태도를 기르는 것이 중요하다.

이는 향후 논·서술형 평가, 수행평가, 학생부 기록의 기반이 되는 핵심 역량으로 이어질 것이다.

고등학생 단계에서는 보다 구체적인 입시 대응이 필요하다. 교과 성적 관리는 여전히 기본이지만 이제는 어떻게 공부했는지가 성적만큼 중요해지는 시기이다. 수업 참여와 수행평가를 통해 학습 과정을 남기고 선택 과목을 진로와 연계해 이수하며, 세부능력 및 특기사항에 자신의 사고 과정과 탐구 경험이 드러나도록 준비해야 한다. 또한 정시를 염두에 두는 학생이라 하더라도 수능 성적만으로 모든 것이 결정되지 않는 구조로 변화하고 있는 만큼 학교 학습의 충실성과 학생부 관리 역시 함께 고려하는 전략이 필요하다.

앞으로 대입을 위해 가장 필요한 역량은 단순히 문제를 많이 풀고 정답을 맞히는 능력이 아니라 스스로 생각하고 그 생각을 말과 글로 설명하며 논리적으로 연결할 수 있는 힘이다. 이는 인공지능이 발달할수록 더욱 강조되는 인간 고유의 역량이며 대학이 입시를 통해 확인하고자 하는 핵심 요소이기도 하다. 결국 변화하는 대입을 준비하는 것은 새로운 제도를 예측해 맞추는 일이 아니라 어떤 제도에서도 흔들리지 않는 학습 역량을 차근차근 쌓아 가는 과정이라 할 수 있다.

고등학교 평가의 중심축이 바뀌었다

부모가 가장 먼저 내려놓아야 할 생각은 "내신은 시험 점수로만 결정된다"라는 인식이다.

시험은 여전히 중요 하지만, 평가의 중심은 이미 교실 안으로 이동했다. 수업 시간의 이해, 수행평가의 사고 훈련, 학기 전체의 누적 과정이 성취를 만든다.

2022 개정 교육과정, 고교학점제, 성취평가제가 본격 도입되면서 교육 구조는 근본적으로 달라졌다. 2028 대입 개편에 맞춰 내신은 5등급 체계로 바뀌고 성취도(A~E)가 병기되면서, 대학은 단순한 점수보다 "어떤 방식으로 배웠는가"를 평가의 중심에 두고 있다. 많은 부모가 아이의 실력을 문제집이나 모의고사 점수로 판단하지만, 지금의 교육과정은 학생이 수업을 통해 어떤 사고를 했는지, 모르는 문제 앞에서 어떤 태도를 보였는지, 탐구와 표현 과정에서 어떻게 성장했는지를 더 중요한 신호로 읽는다.

교실에서는 학생이 개념을 어떻게 받아들이는지, 모르는 문제 앞에서 어떤 반응을 보이는지가 자연스럽게 드러난다. 발표와 토론에서 보이는 말하기 방식, 친구 의견을 받아들이는 태도, 수행평가 준비 과정에서의 몰입도는 모두 성취수준과 과목별 세부능력 및 특기사항(세특)의 근거가 된다. 대학이 학생부를 신뢰하는 이유는 바로 이 일상의 누적 때문이다.

수업은 단순한 지식 전달이 아니라 사고가 드러나고 변화하는 공간이며, 수행평가와 세특은 이 배움의 흔적을 기록하는 장치다. 고등학교의 학업 성취는 특정 시험의 결과가 아니라, 매일의 수업이 어떻게 쌓였는가에 의해 결정된다. 오늘의 수업은 아이의 학업 역량이 가장 생생하게 드러나는 현장이다.

이제 질문은 하나로 모인다. 교실에서는 무엇이 '평가로 남는가'? 아래에서는 그 질문에 답하기 위해, 수업과 수행평가가 아이의 실력을 어떻게 만들고 기록으로 남기는지 구체적으로 살펴본다.

수업에서 길러지는 힘: 암기를 넘어 이해·해석·탐구로

수업이 중요한 이유는 지금의 학습이 단순 암기를 넘어 이해·해석·표현·탐구를 요구하기 때문이다.

생성형 AI가 빠르게 답을 만들어내는 시대에, 교사는 '결과물의 화려함'보다 그 결과에 이르는 사고의 깊이를 본다. 단 몇 개의 키워드로 정리된 그럴듯한 결과보다, 왜 그렇게 생각했는지, 어떤 과정을 거쳤는지를 설명할 수 있는지가 더 중요해졌다. 이 과정은 상상력 놀이가 아니라 준비 과정이고 기초체력이다. 당장 눈에 띄는 성과는 없을 수 있지만, 이 시간을 충분히 거친 아이들이 고등학교에서 끝까지 버틴다. 부모가 이 시간을 '비효율'이나 '시간 낭비'로 여기지 않고 가치 있는 학습으로 인정해 주는 순간, 아이의 학습 태도는 달라진다. 상위권 학생들의 공통점은 분명하다. 이들은 시험 기간에 새로운 공부를 하지 않는다. 평소 수업에서 개념을 자기 언어로 정리하고, 수행평가 과정에서 사고를 충분히 단련해 두기 때문에 시험은 정리의 시간일 뿐이다. 부모가 이 구조를 이해하면, 아이에게 필요한 지원도 달라진다. 불안할수록 문제집을 더 풀게 하기보다,

"오늘 수업에서 가장 인상 깊었던 건 뭐였어?"

"어디에서 생각이 막혔어?"라고 묻는 것이 훨씬 효과적이다. 수업을 흘려보내지 않는 학생은 시험에서도 흔들리지 않는다.

수행평가의 본질, 과정이 기록이 되고, 기록이 실력이 되는 시대

수행평가는 많은 학생에게 '부담스러운 과제'로 느껴지지만, 현재 평가 체제에서 수행평가는 점수를 매기기 위한 장치가 아니라 배움을 드러내는 핵심 과정이다. 2022 개정 교육과정은 모든 교과에서 지식·이해, 과정·기능, 가치·태도를 함께 평가하도록 설계되어 있다.

시험이 정답을 맞히는지를 본다면, 수행평가는 "그 정답에 도달하기까지 어떤 사고를 했는가"를 본다. 자료를 어떻게 해석했는지, 문제를 어떤 경로로 풀었는지, 근거를 어떤 기준으로 선택했는지, 자신의 생각을 어떤 구조로 표현했는지가 모두 평가 대상이다. 그래서 수행평가는 '발표를 했다'라는 사실 자체보다, 그 발표를 통해 어떤 학습 경험이 있었는지가 중요해진다. 대학이 보는 것은 능력의 유무가 아니라 역량의 깊이다. 이러한 수행평가 과정은 그대로 세부능력특기사항의 근거가 된다.

교사는 학생이 보고서를 쓰는 과정에서 어떤 자료를 선택했는지, 그 자료를 어떤 관점으로 해석했는지, 발표에서 어떤 논리 구조를 사용했는지, 협업 과정에서 어떤 역할과 태도를 보였는지를 관찰한다. 세특은 특별한 이벤트를 기록하는 칸이 아니라, 수업과 탐구, 표현 과정에서 드러난 사고의 흔적을 언어로 정리한 기록이다. 부모가 도울 수 있는 일은 의외로 단순하다. "어떤 질문에서 출발했어?" "이 자료를 선택한 이유는 뭐야?"

이런 질문 하나만으로도 아이는 '빨리 제출하는 과제'에서 벗어나 자신의 사고 과정을 점검하게 된다. 수행평가를 잘한다는 것은 곧 과정을 통해 실력을 쌓는 방법을 배워가고 있다는 의미다.

학생부 중심 평가가 강화되며 생긴 실제 변화

이렇게 교실에서의 사고 과정이 중요해지면서, 학교의 평가 풍경도 달라졌다.

첫째, 수행평가의 위상이 달라졌다. 수행평가는 과제를 하나 더 내는 장치가 아니다. 교사가 학생을 관찰하고 평가 언어로 기록할 수 있는 핵심 장치다. 보고서를 쓰는 과정, 자료를 고르는 기준, 발표의 구조, 토론에서의 태도가 세특의 근거가 된다. 수업-수행평가-세특은 하나의 흐름으로 움직이기 시작했다.

둘째, 기록의 단위가 '활동'에서 '역량'으로 이동했다. "발표함", "참여함" 같은 사실 나열은 더 이상 의미를 만들지 않는다. 같은 발표라도 문제의식을 세우고 근거로 결론에 도달했는지가 기록될 때 평가의 무게가 달라진다. 학생부는 활동 목록이 아니라 학습 경험의 해석으로 바뀌고 있다.

셋째, 진로 연계의 방식이 달라졌다. 진로는 억지로 붙이는 장식이 아니라, 교과 이해가 깊어지며 자연스럽게 확장되는 결과다. 교과 개념이 약한 상태에서 진로를 덧붙이면 탐구는 얕아진다.

반대로 교과 이해가 탄탄하면 같은 단원에서도 질문의 깊이가 달라지고, 그 사고가 학생부에 남는다.

마지막으로 가정의 질문도 바뀌어야 한다. 이제 중요한 질문은 "활동을 더 해야 하나요?"가 아니라 "수업과 수행평가의 과정을 어떻게 쌓아야 하나요?"다. 학생부는 그 누적의 결과를 기록하는 문서다.

교과별 수행평가와 수업에서 길러지는 역량

수업과 수행평가의 구조를 이해하고 나면, 자연스럽게 이런 질문이 따라온다.

"그렇다면 과목마다 아이가 준비해야 할 힘은 무엇일까?"

과목마다 요구하는 사고의 흐름은 조금씩 다르다. 어떤 학생은 한 과목에서 두각을 보이면서도 다른 과목에서는 유독 어려움을 겪기도 하는데, 이는 아이의 능력 차이라기보다 교과가 요구하는 사고방식의 차이에서 비롯된다. 이 사고방식은 수업에서 관찰되고, 수행평가에서 드러나며, 세특으로 누적된다.

국어: 해석 → 요약 → 비판

글의 구조를 읽고 핵심을 압축한 뒤, 근거를 들어 자기 관점으로 비판하는 능력이 핵심이다. 비평문 수행평가에서는 논지 파악, 요약의 정확성, 근거의 타당성이 함께 평가된다. 특히 문학 작품이나 논설문을 읽고 작가의 의도를 파악한 뒤, 그 주장의 설득력을 평가하고 자신의 견해를 덧붙이는 과정에서 비판적 사고력이 길러진다.

수학: 추론 → 과정 → 근거

정답보다 '왜 그 풀이를 선택했는지'를 설명하는 능력이 중요하다. 풀이 전략의 선택과 전개, 타당성 설명이 수행평가의 핵심 평가 지점이 된다. 같은 문제를 푸는 데도 여러 접근법이 있을 때, 왜 특정 방법을 선택했고 그것이 효율적이었는지 설명할 수 있어야 한다.

영어: 맥락 파악 → 핵심어 선정 → 논리적 구성

영어를 '해석'이 아니라 '도구'로 써서 정보를 구조화하고 주장을 구성하는 능력이 핵심이다. 에세이·발표 수행평가에서는 문장 연결의 논리, 키워드 선택의 적절성이 중요해진다. 단순 번역이 아니라 영어로 사고하고 표현하는 훈련이 필요하다.

사회: 자료 해석 → 관점 설정 → 근거 제시

기사·통계·그래프를 읽고 관점을 세운 뒤, 근거로 연결해 결론을 내리는 사고가 요구된다. 자료의 의미를 다각도로 해석하는 힘이 수행평가에서 드러난다. 같은 통계 자료도 어떤 관점에서 보느냐에 따라 다른 해석이 가능하며, 이를 논리적으로 뒷받침하는 능력이 평가된다.

과학: 실험 설계 → 검증 → 해석

가설을 세우고 변인을 통제해 실험을 설계하며, 결과를 개념으로 해석하는 능력이 핵심이다. 실험 과정의 논리와 데이터 해석이 평가의 중심이 된다. 예상과 다른 결과가 나왔을 때 그 원인을 분석하고 실험 조건을 수정하는 과정에서 과학적 사고력이 드러난다.

각 교과의 수행평가 목적은 단순한 과제 제시가 아니라, 해당 교과가 길러주고자 하는 사고 기능을 평가·반영하는 데 있다. 아이에게 필요한 것은 새로운 문제집이 아니라, 교과가 요구하는 사고 흐름을 이해하고 연습하는 경험이다.

[실전] 수행평가를 '학습 서사'로 설계하는 법

이제 구체적인 수행평가 안내문을 통해 실전 접근법을 살펴보자. 학생이 확인해야 할 것은 '무엇을 제출하나'가 아니라 '어떤 사고를 보여주어야 하나'다.

같은 과제라도 누군가는 결과물만 제출하고 끝나지만, 누군가는 과제의 조건을 역산해 질문-근거-비교-한계-확장이 남도록 설계한다. 이 차이가 세특의 언어가 되고, 다음 학년의 탐구와 면접까지 이어지는 학습 서사를 만든다.

수행평가를 '서사로 만드는 설계'는 복잡하지 않다. 안내문 속 조건을 그대로 따르되, 그 조건들이 요구하는 사고를 한 단계 더 앞으로 끌어오는 것이다. 학생은 먼저 과제의 중심 개념을 잡고(교과 성취기준), 자료를 수집·정리한 뒤(근거), 자신의 주장과 근거를 연결하고(논리), 반대 관점이나 한계를 인정하며(비교·수정), 마지막에 "다음에는 무엇을 바꿔 검증할 것인가"를 남긴다(확장).

결국 수행평가의 성패는 '결과물의 문장'보다 '사고의 흐름'이 얼마나 분명히 남았는가에 달려 있다.

자기평가보고서: '반성문'이 아니라 '과정의 증거'다

수행평가가 배움을 드러내는 핵심 과정이라면, 이 흐름을 학생의 언어로 증거화하는 문서가 바로 자기평가보고서다. 많은 학생이 자기평가보고서를 형식적인 반성문으로 오해하지만, 학교가 이를 요구하는 이유는 분명하다. 자기평가보고서는 교사가 학생의 메타인지를 확인하는 자료이며, 결과물만으로는 보이지 않는 탐구 과정을 드러내는 기록이기 때문이다.

자기평가보고서에서 "무엇을 잘했는지"보다 중요한 것은 "어떤 지점에서 사고가 확장되었고, 어떤 한계를 인식했으며, 그 한계를 어떻게 수정했는지"다. 핵심은 막연한 감상이 아니라 변화의 근거를 남기는 데 있다.

– 지양해야 할 표현:

- 열심히 참여했다, 보람찬 시간이었다, 다음에는 더 노력하겠다.

– 지향해야 할 표현:

- "근거가 부족하다는 한계를 발견해 자료를 비교했고, 결론을 조건부로 수정했다"
- "실험 결과가 예상과 달라 변인 통제 방식을 재검토했고, ○○ 요인의 영향을 확인했다"
- "발표 준비 중 ○○ 개념과 ××개념의 차이를 명확히 이해하게 되었고, 이를 사례로 설명했다"

특히 '후속 활동' 항목은 자기평가의 마무리가 아니라 다음 탐구의 출발점이다. 좋은 자기평가는 "다음엔 더 열심히"가 아니라 "다음에는 변인(조건)을 바꿔 어떤 방식으로 검증하겠다"로 끝난다. 자기평가가 충실할수록 수행평가와 탐구는 하나의 학습 서사로 연결된다.

아래는 실제 수행평가 탐구활동 기획서 및 자기평가서 예시다. 이 양식의 핵심은 단순히 칸을 채우는 것이 아니라, '탐구력이 드러나는 기록'을 만드는 데 있다. 각 단계에서 어떤 생각을 했는지, 어떤 변화가 있었는지를 구체적으로 남기는 연습이 필요하다.

자기평가서 작성법

1. 자기평가서 작성 전 자가 인터뷰

단계	핵심 질문
01 수업 연계	수업에서 배운 내용 중 관련된 부분은 무엇인가?
02 자신의 역할	나는 구체적으로 어떤 역할을 했나?
03 참고 도서	지식을 확장하기 위해 어떤 책을 참고했나?
04 구체적 결과물	활동 결과물은 어떤 것인가?
05 경험	구체적인 활동 과정과 배우고 느낀 점은 무엇인가?
06 역량	활동을 통해 어떤 역량을 보여주었나?

2, 자기평가서의 작성 방법

- 활동 주제 → 역할 → 과정 → 참고 도서 → 교과 연계 → 배운 점 → 산출물의 흐름으로 정리하면 효과적임
- 탐구 과정에서 실패·한계·극복 과정까지 적으면 설득력이 높아짐.
- '연계, 심화, 확장, 지적 호기심, 과제집착력, 깊이 있는 사고' 같은 키워드가 반영되도록 하는 것이 중요함 (교사가 세특 작성 시)

활동 주제명	모의국회
자신의 역할	모의국회 준비 위원장
구체적인 활동과정	모의국회 입법 및 의결 과정 체험해 보기
대표적 활동이나 조사, 탐구	국회 영상 시청, 시의회 방문 조사, 인터뷰
참고한 도서명	한국정치(전영재, 윤성이)
탐구활동을 통해 알게 된 내용 (조사, 토론 결과)	국회 원 구성, 본회의 의결 과정, 정당의 역할 등
탐구활동의 구체적 결과물	국회 입법과정 팸플릿 제작, 포스터 제작
더 알고 싶어서 한 활동 (독서, 탐구 등)	추후 독서, 관련 논문 검색, 자료정리

*출처 : 울산진로진학지원센터

[탐구보고서에서 흔히 하는 실수: 오버스펙의 함정]

고등학교 탐구보고서에서 학생들이 자주 하는 실수가 있다. 해당 학년 교육과정을 넘어서는 개념을 무리하게 적용하는 것이다. 예를 들어 고1 학생이 통합과학 수행평가에서 대학 수준의 화학 반응식이나 미적분 개념을 사용하면, 교사는 이를 반려하거나 수정을 요구한다.

"너무 어려운 내용을 다뤄서 안 되나요?"라고 묻는 학생도 있지만, 문제는 난이도가 아니다. 교육과정에는 학년별 성취기준이 명확히 정해져 있다. 고1 통합과학의 목표는 '과학적 개념의 통합적 이해'이지, '전공 수준 지식의 암기'가 아니다. 교사가 평가하는 것은 "이 학생이 고1 수준에서 요구되는 사고를 얼마나 깊이 있게 했는가"이다.

실제로 상위권 대학 합격생들의 탐구보고서를 보면, 고난도 개념을 나열하기보다 교과 개념을 '현실 문제에 적용'하거나 '다른 조건에서 검증'하는 방식으로 깊이를 만든다. 고2가 배우는 유전 개념을 고1이 쓰면 반려되지만, 고1이 배운 세포 분열 개념을 실제 암세포 증식 사례와 연결해 분석하면 이것이 진짜 탐구가 된다.

학년에 맞는 개념으로도 얼마든지 깊이 있는 탐구가 가능하다는 것을 기억해야 한다.

사례 1 : 통합사회   '기준을 세우고 비교하는 탐구'로 완성하기
'정의와 불평등' 기사 비평 수행평가가 탐구로 확장되는 방식

통합사회 신문 기사 비평 수행평가 안내문

1. 평가 방법 : 사회 정의와 불평등과 관련된 사회 문제를 찾고, 해결 방안을 사회적 관점으로 제시하기

2. 유의사항 : 시험 당일 풀, 가위, 신문 기사 각자 준비하기

① 글씨 관련 : 성의 없이 쓸 경우(글씨 못 알아볼 경우 포함) 감점 처리함. 제시된 원고지 분량 준수 및 줄바꿈으로 인한 여백은 분량으로 인정하지 않음.

② 신문 기사 관련 : 2024~2025년 사이의 신문 기사만 인정, 반드시 신문사 이름, 기사 제목, 기사 작성일, 기자 이름이 모두 포함되어 있어야 점수 부여함. (사진 제외할 것)

③ 교과서에 제시된 신문 자료 사용 불가(사용 시 0점 처리), 프린트한 신문 기사만 지참 가능.

④ 주어진 분량을 꼭 확인하고, 여백 및 이면 사용 불가. 주어진 분량을 넘으면 제시된 분량까지만 채점함.

3. 채점 기준

	성취기준별 성취수준
[10통사2-02-01] 정의의 의미와 정의가 요구되는 이유를 파악하고, 다양한 사례를 통해 정의의 실질적 기준을 탐구한다.	A 공정한 사회가 추구해야 할 기본적이고 핵심적인 가치로서 정의의 의미와 정의가 요구되는 이유를 통합적 관점에서 파악할 수 있고, 정의의 실질적 기준을 다양한 영역 및 분야의 사례에 적용하여 각 기준의 장단점을 평가할 수 있으며, 이를 바탕으로 사회 제도와 현상에 대한 비판적 관심을 지닌다. 개인과 공동체의 관계를 기준으로 자유주의적 정의관과 공동체주의적 정의관의 특징을 비교 분석하고 구조화하여 이해할 수 있고, 사회의 다양한 현안이나 제도 및 정책에 대한 적용을 통해 개인의 권리와 공동체에 대한 의무 및 사의과 공익의 관점에서 두 정의관을 비교 평가하고 정당화할 수 있으며, 이를 바탕으로 공동체의 현안에 관심을 가지고 문제 해결에 적극 참여한다. 사회 및 공간 불평등 현상에 관한 다양한 사례를 조 원인을 분석할 수 있고, 정의로운 사회를 만들기 위한 구체적인 제도적 방안들을 비교하여 평가할 수 있으며, 시민으로서 공동선 실현을 위한 다양한 영역의 특성에 맞는 구체적 실천 방안을 제안한다.

		성취기준별 성취수준
[10통사2-02-02] 개인과 공 동체의 관계를 기준으로 다 양한 정의관을 비교하고, 이 를 구체적인 사례에 적용하 여 설명한다. [10통사2-02-03] 사회 및 공간 불평등 현상의 사례를 조사하고, 정의로운 사회를 만들기 위한 다양한 제도와 시민으로서의 실천 방안을 제안한다.	B	공정한 사회가 추구해야 할 기본적이고 핵심적인 가치로서 정의의 의미와 정의가 요구되는 이유를 파악할 수 있고, 정의의 실질적 기준을 다양한 영역 및 분야의 사례에 적용하여 평가할 수 있으며, 이를 바탕으로 사회 제도와 현상에 대한 관심을 지닌다. 개인과 공동체의 관계를 기준으로 자유주의적 정의관과 공동체주의적 정의관의 특징을 비교 분석하여 이해할 수 있고, 사회의 다양한 현안이나 제도 및 정책에 대한 적용을 통해 개인의 권리와 공동체에 대한 의무 및 사익과 공익의 관점에서 두 정의관을 비교 평가할 수 있으며, 이를 바탕으로 공동체의 현안에 관심을 가지고 문제 해결에 참여한다. 사회 및 공간 불평등 현상에 관한 다양한 사례를 조사하여 원인을 분석할 수 있고, 정의로운 사회를 만들기 위한 구체적인 제도적 방안과 시민으로서 공동선 실현을 위한 구체적 실천 방안을 제안한다.
	C	사회 및 공간 불평등 현상의 사례를 조사하여 원인을 분석할 수 있고, 정의로운 사회를 만들기 위한 제도적 방안과 시민으로서의 실천 방안을 제안한다. 공정한 사회가 추구해야 할 기본적이고 핵심적인 가치로서 정의의 의미와 정의가 요구되는 이유를 파악할 수 있고, 정의의 실질적 기준을 조사할 수 있다.
	D	자유주의적 정의관과 공동체주의적 정의관의 특징을 이해할 수 있고, 개인의 권리와 공동체 에 대한 의무의 관점에서 두 정의관을 비교할 수 있으며, 이를 바탕으로 공동체의 문제에 관심을 가진다. 사회 및 공간 불평등 현상의 사례를 조사할 수 있고 정의로운 사회를 만들기 위한 제도적 방안의 필요성을 설명할 수 있다.
	E	공정한 사회가 추구해야 할 기본적이고 핵심적인 가치로서 정의의 의미를 이해할 수 있고, 정의를 판단하는 기준의 필요성에 관심을 가진다. 자유주의적 정의관과 공동체주의적 정의관을 비교하여 이해할 수 있고, 이를 바탕으로 공동체의 문제에 관심을 가진다.. 사회 및 공간 불평등 현상을 설명하고, 정의로운 사회의 필요성에 관심을 가진다.
평가방법		☐ 서술·논술 ☐ 구술·발표 ☐ 토의·토론 ☐ 프로젝트 ☐ 실험·실습 ☐ 포트폴리오 ☐ 기타 ☐ 교사 관찰 및 기록 ☐ 자기평가 ☐ 동료평가

	성취기준별 성취수준	
평가요소	사회 정의와 불평등과 관련된 사회 문제를 찾고, 해결 방안을 사회적 관점에서 제시하기	
채점기준 및 점수	1. (사회 정의와 불평등 관련)신문 기사 1개를 첨부하였는가? 2. 기사 선정 이유를 진로 또는 최근 사회적 이슈와 관련하여 구체적으로 제시하였는가? 3. 기사에 대한 내용을 핵심 내용이 잘 드러나게 정리하였는가? 4. 기사에서 사회 정의와 불평등 단원과 관련된 사회 문제를 찾아 구체적으로 제시하였는가? 기준 중 1가지도 만족하지 않는 경우, 혹은 5. 4번의 사회 문제 해결 방안을 근거(사회 제도, 정책 등 사회적 관점)와 함께 제시하였는가?	기준 5가지를 모두 만족하는 경우 15점 기준 4가지를 모두 만족하는 경우 13점 기준 3가지를 모두 만족하는 경우 11점 기준 2가지를 모두 만족하는 경우 9점 기준 1가지를 모두 만족하는 경우 7점 기준 중 1가지도 만족하지 않는 경우, 혹은 수업에는 참여하였으나 수행 과제를 미제출 (백지 활동지 제출 포함)한 경우(기본 점수) 5점

통합사회에서 '정의와 불평등' 단원과 연계된 기사 비평 수행평가가 주어졌다고 하자. 과제의 표면만 보면 '신문 기사 하나 골라서 비평문 쓰기'처럼 보인다. 하지만 교과가 실제로 요구하는 것은 의견이 아니라 개념 적용 능력이다.

이 수행평가의 핵심은 진로를 그럴듯하게 연결하는 데 있지 않다. 중요한 것은 기사에 담긴 사회적 쟁점을 '정의'와 '불평등'이라는 교과 개념의 틀로 해석해 내는 과정이다.

학생은 먼저 출처가 분명한 기사를 선택해야 한다. 신문사, 제목, 작성일, 기자 이름이 모두 명시된 기사여야 하며, 단원 개념인 '정의'와 '불평등'으로 분석이 가능한 내용이어야 한다. 이 단계에서 이미 교사는 학생이 개념 적용을 염두에 두고 기사를 선택했는지를 평가한다.

다음으로 학생은 기사의 핵심 논점을 2~3개로 압축한다. 단순 요약이 아니라, 무엇이 문제의 핵심인지 구조화하는 과정이다. 이후 분배적 정의, 절차적 정의 같은 교과 개념을 적용해 사회문제를 해석한다.

예컨대 전기차 보조금 정책 기사라면, 보조금이 '필요가 큰 집단'이 아니라 '접근 가능한 집단'에 집중될 때 어떤 형평성 문제가 발생하는지를 분석할 수 있다.

해결방안 제시 단계에서도 "제도를 바꿔야 한다"는 선언으로 끝내지 않는다. 소득·거주지·차량 가격을 반영한 보조금 설계 개선, 농어촌 충전 인프라 우선 확대 같은 구체적 정책 대안을 근거와 함께 제시해야 한다.

이 수행평가의 마지막은 결론이 아니라 후속 질문이다.

"보조금 수혜는 실제로 소득·지역에 따라 얼마나 차이가 나는가?"

"충전기 밀도가 전기차 보급률에 미치는 영향은 무엇인가?"

이 질문이 바로 탐구보고서로 확장되는 지점이다. 탐구보고서의 성패는 자료의 양이 아니라, 질문→자료 선택→해석→근거→결론으로 이어지는 사고의 길이 얼마나 선명한가에 달려 있다. 이 전 과정은 교사가 관찰하고 기록하며, 자료 선택 기준과 해석 방식, 태도가 세특 언어로 남는다.

 역사적 맥락을 자기 언어로 표현하기

한국사에서 '광복과 정부 수립' 단원을 바탕으로 가상 연설문을 작성하는 수행평가는 글쓰기 과제처럼 보이지만, 실제로는 역사적 맥락을 자기 언어로 표현하는 능력을 평가한다. 특히 "교과서 문장을 그대로 옮기지 말 것" 같은 조건이 붙는 순간, 이 과제는 암기형 재현이 아니라 이해 기반 재구성으로 바뀐다.

접근의 핵심은 '감동적인 연설'이 아니라 정세-입장-정책-근거의 연결이다. 인물을 선택했다면, 그 인물이 지지할 법한 정부 수립 방식과 정책을 정하고, 국내·국제 정세는 장식이 아니라 주장에 붙는 근거로 사용해야 한다. "왜 지금 이 방식이어야 하는가"가 설명되지 않으면 연설문은 주장 나열로 보이지만, 정세가 근거로 작동하면 글은 설득 구조를 갖는다.

탐구보고서 확장은 '노선 비교'에서 열린다. 같은 시기 다른 노선의 인물이라면 정책의 우선순위와 해결 과제가 달라진다. "다른 노선이라면 어떤 선택을 했을까?"라는 질문으로 비교하는 순간, 연설문은 곧바로 노선 비교 탐구로 확장된다.

나아가 통합사회(정의·공정의 기준), 국어(비평 구조), 확통(자료 해석)과 연결하면 역사 과제는 단일 교과 활동을 넘어 관점과 근거를 훈련하는 장치가 된다.

한국사 수행평가 공지

1. 수행평가 범위 : 1l-1. 8.15 광복과 대한민국 정부 수립 단원

2. 배점 및 평가기준 : 15점

1. 교과서의 내용을 참고해 자료의 신문 기사 내용에 대한 사실 확인을 하고, 모스크바 3국 외상 회의의 결정서에 대한 내용을 담은 신문 기사를 작성하시오.
2. 자신이 생각하는 해방 후 우리나라 헌법에 넣어야 할 헌법 조항을 2개 이상 쓰고, 그 이유를 논술하시오.
3. 아래의 인물 중 1명을 선택하여 〈조건〉에 맞게 가상 연설문을 작성하시오.

〈인물〉

1. 정읍에서 연설을 하려는 이승만
2. 좌우합작위원회 조직을 선포하는 여운형
3. 남북협상을 위해 38도선을 넘는 김구

〈조건〉

1. 자신이 선택한 인물이 생각하는 정부 수립 방식이 포함되어야 한다.
2. 자신이 선택한 인물을 제외한 다른 인물에 대한 비판이 1가지 이상 포함되어야 한다.
3. 인물이 연설할 당시의 국제. 국내적 정세 (국제, 국내 포함) 가 1가지 이상 포함되어야 한다.
4. 인물이 연설할 당시 우리나라에서 해결해야 할 문제점 (정부 수립 과정은 제외) 을 1가지 이상 지적해야 한다.
5. 교과서에 나와 있는 실제 인물의 연설 사료와 똑같이 적으면 안 된다.

3. 시험 방법 : 수행평가 시간 중 교과서만 참고 가능

4. 수행평가 시가 : 40분

사례 3 :통합과학 **과학기술 사회쟁점 보고서는 '근거 기반 판단'의 훈련이다.**

통합과학2 수행평가 안내

1. 영역 : 과학 관련 사회적 쟁점 탐구

2. 활동 주제 : 과학기술의 발전 과정에서 발생할 수 있는 사회적 쟁점 탐구 과학기술 이용에서 과학 윤리의 중요성 탐구

3. 활동 시기

1) 1차시: XX.XX.(월)~XX.XX.(금) 통합과학2 화학 시간

- 교과서 내용 확인, 과학기술과 관련된 사회적 쟁점 조사 및 선택

- 보고서 작성 시작

2) 2차시: XX.XX.(월)~XX.XX.(금) 통합과학2 화학 시간

- 보고서 작성 완료 및 제출

4. 제출 형식

1) 형식: 보고서(제목, 탐구 동기, 본론, 결론 포함)

2) 분량: A4 2쪽 이내(글자 크기 10)

5. 제출 방법 : 리로스쿨

6. 평가 기준

평가 요소		점수
과학기술 관련 사회적 쟁점	과학기술 관련 사회적 쟁점을 명확히 제시하고, 이를 뒷받침하는 과학 지식을 2개 이상 구체적으로 제시함.	8
	사회적 쟁점을 제시하였으나, 이를 뒷받침하는 과학 지식을 1개에 그치거나 설명이 단순함.	7
	사회적 쟁점을 명확히 제시하지 못했거나, 이를 뒷받침하는 과학 지식을 제시하지 못함.	6
윤리적 관점의 제시 여부	과학기술 관련 윤리적 문제를 명확히 제시하고, 이를 뒷받침하는 근거를 2개 이상 구체적으로 제시함.	6
	윤리적 문제를 제시하였으나, 이를 뒷받침하는 근거가 1개에 그치거나 설명이 단순함	5
	윤리적 문제를 명확히 제시하지 못했거나, 이를 뒷받침하는 근거를 제시하지 않음.	4
논리적 표현과 의사소통	주장과 과학적 근거의 연계가 명확하며, 과학적 오류가 없음.	6
	주장에 적절한 과학적 근거를 제시하였으나, 일부 내용에 과학적 오류가 있음.	5
	주장과 근거의 연계가 불분명하고, 과학적 오류가 다수 포함됨.	4
본인의 의지로 평가에 불참한 경우		7.9

과학기술 사회쟁점 보고서는 최근 고교 수행평가의 변화를 가장 선명하게 보여준다. 이 과제는 기술의 장단점을 나열하는 글이 아니라, 과학 지식을 근거로 사회문제를 분석하고 해결 방향을 제안하는 능력을 평가한다. 안내문에 등장하는 "과학(지식/개념) 2개 이상, 윤리적 근거 2개 이상" 같은 조건은 형식이 아니라 평가의 본질이다. 이를 충족하지 못하면 글은 곧바로 시사 에세이로 떨어진다.

수행의 관점은 세 부분으로 나뉜다. 먼저 과학 파트에서 기술의 작동 원리(기전)와 한계(오류 가능성)를 설명한다. 다음으로 사회·윤리 파트에서 문제를 권리·형평성·책임의 언어로 구조화하고, 사례·자료를 근거로 붙인다. 마지막으로 해결 파트에서는 "규제하자"로 끝내지 않고, 규제(제도)·설계(절차/기술)·교육(오남용 방지) 중 최소 두 가지를 구체화해야 한다.

탐구로 확장하려면 결론을 늘리는 것이 아니라 질문의 층위를 바꿔야 한다. "이 기술은 위험하다"에서 멈추지 않고 "어떤 조건에서 위험이 커지는가/줄어드는가"로 이동하는 순간 수행평가는 탐구가 된다.

개인정보 쟁점이라면 동의 방식, 데이터 결합, 접근 권한 같은 변인을 설정해 비교할 수 있고, 이때 글의 중심은 찬반이 아니라 조건 비교와 검증으로 옮겨간다. 통합사회(정의·공정), 확통(데이터·편향), 국어(주장–근거–반론)와의 융합도 이 지점에서 자연스럽게 열린다.

사례 4 : 수학II **공학적 도구 활용 보고서는 '검증 가능한 주장'을 만드는 훈련이다.**

2학년 1학기 수학 II 보고서 수행평가 안내

1. **평가명 :** 공학적 도구를 활용한 문제 설계 및 검증 평가
2. **제출기한 :** 20XX년 XX월 XX일 자정까지. (기한 내 미제출 시 감점)
3. **활용도구 :** 지오지브라 (https://www.geogebra.org/ calculator)
4. **제출형식 :** 한글 A4 2쪽
5. **제출방법 :** 구글 클래스룸

1. 문제 설계 및 풀이 작성.	• 수학Ⅱ 19개 소단원 중 한 단원을 선택한다. • 해당 단원의 핵심 개념을 반영한 수학 문제를 직접 만든다. 교과 개념을 창의적으로 변형 또는 응용할 수 있다. • 문제 풀이를 체계적으로 서술한다.
2. 공학적 검증	• 지오지브라(GeoGebra) 등의 공학적 도구를 활용하여 본인의 풀이 과정 및 결과를 시각적 또는 수치적으로 검증한다. • 반드시 지오지브라를 활용해야 하며 지오지브라 캡쳐 화면 (캡쳐기능 활용)을 삽입한다. 그래프뿐만 아니라 수식 입력 화면까지 캡쳐할 것. (검증과정을 살펴보기 위한)
3. 결과 비교 및 해석	• 자신의 문제풀이와 공학적 결과가 일치하는지 비교하고 해석하기.
4. 과제를 수행하면서 느낀 점	• 과제를 수행하면서 얻은 수학적 의미나 깨달음 서술하기.

수학Ⅱ에서 공학적 도구(GeoGebra 등)를 활용해 문제를 설계하고 검증하는 보고서는 수행평가가 "풀이"를 넘어 설계-검증-해석으로 이동했음을 보여준다. 이 과제의 핵심은 정답을 맞히는 데 있지 않다. 학생이 만든 문제와 풀이가 검증 가능하고 재현 가능한지, 그리고 결과를 해석하는 과정에서 가정과 조건을 명확히 했는지가 평가의 중심이다.

예를 들어, 미적분의 적분 개념을 활용해 "곡선으로 둘러싸인 도형의 넓이"를 구하는 문제를 설계한다고 하자. 학생은 먼저 두 함수의 교점을 구하고, 적분 구간을 설정한 뒤, 손으로 계산한 결과를 GeoGebra로 검증한다.

이때 중요한 것은 계산 결과가 일치했는지만이 아니라, "왜 이 구간을 선택했는지", "도구에서 어떤 명령어를 사용했고 어떤 과정을 거쳤는지", "결과가 달랐다면 어디서 차이가 발생했는지"를 명확히 기록하는 것이다.

따라서 접근은 (1) 단원 핵심 개념이 드러나는 문제를 설계하고, (2) 풀이를 논리 전개로 서술하며, (3) 도구 검증은 결과 화면이 아니라 입력·변형·확인 과정이 보이도록 기록하고, (4) 일치/불일치의 이유를 해석하는 순서로 잡는 것이 안정적이다. 여기서 오차는 실패가 아니라 탐구의 출발점이다.

탐구보고서로 확장할 때는 '조건 변화'가 가장 강력하다. 정의역을 바꾸거나 근사 방식을 달리했을 때 결과가 어떻게 달라지는지 비교하면, 보고서는 단순 수행평가를 넘어 모델링

·검증·오차 해석을 포함한 탐구로 바뀐다. 이 흐름은 이후 과학 실험의 오차 분석, 확률의 데이터 해석, 공학 계열 진로 탐구로도 자연스럽게 연결된다.

이처럼 각 교과의 수행평가는 단순히 과제를 해결하는 과정이 아니라, 해당 과목이 요구하는 고유한 사고력을 증명하는 기회다. 그렇다면 이러한 개별 교과의 기록들이 모였을 때, 입시 현장에서는 어떤 결과로 나타날까? 내신 등급의 한계를 학습의 깊이와 연결성으로 극복하고 실제 합격을 거머쥔 사례를 통해 확인해 보자.

합격사례 수업에서 시작된 기록은 면접에서 완성된다

실제 2026학년도 입시에서 학생부종합전형으로 합격한 지방 일반고 학생 A의 사례를 살펴보자. A의 내신은 2.4등급이었다. 흔히 이 정도 성적이면 상위권 학종은 어렵지 않느냐는 말이 먼저 나오지만, K 대학에 합격했다. 대학이 보려는 것은 '등급 자체'보다 학교 안에서 축적된 기록이 하나의 학습 서사로 연결되어 있는가, 그리고 그 서사를 면접에서 자기 언어로 재구성해 설명할 준비가 되어 있는가였다.

A의 학생부에는 눈에 띄는 실적보다 수업에서 시작된 질문이 수행평가를 거쳐 탐구로 확장되고, 독서와 발표로 이어지며 다시 정리되는 과정이 촘촘하게 남아 있었다.

• 물리: 수업에서 다룬 개념을 단순 암기하지 않고, 스스로 주제를 세워 자료를 찾고 실험 및 조사를 진행한 뒤 발표로 정리했다.
• 지구과학: 광학 개념을 실제 관측 문제(렌즈·광학 설계)로 옮겨오며 '개념의 적용'을 강화했다.
• 수학: 확률과 통계 내용을 시뮬레이션으로 검증하며 사고를 '계산'에서 '검증'으로 끌어올렸다.
• 정보: 프로그래밍을 통해 구현과 디버깅, 발표로 마무리하며 "할 줄 아는 학생"을 넘어 "설명할 수 있는 학생"의 흔적을 남겼다.

A의 기록은 교과별로 분절되지 않았다. '수업-수행평가-탐구-발표-피드백'이 반복되며 누적되었고, 그 사이사이에 독서 활동이 들어가 개념 이해를 넓히는 '학습의 증거'로 기능했다. 대학이 말하는 학업역량은 바로 여기서 발생한다. 내신 2.4라는 숫자만으로는 다 담기지 않는 학습의 깊이와 연결성이 학생부 전반에 반복적으로 나타난 것이다.

이러한 학생부는 단순히 '좋은 기록'에서 끝나지 않는다. 면접에서 그 기록을 제대로 꺼내 쓸 준비가 되어 있어야 비로소 힘을 발휘한다. 면접에서 대학은 "했나요?"라는 단순 사실을 묻지 않는다.

학생부의 한 문장을 두고 "그때 무엇을 했고, 왜 그렇게 했고, 무엇을 배웠는지"를 과정 중심으로 풀어내게 만든다.

- 수행평가 주제 선택의 이유
- 변인 통제나 가상의 타당성 검토
- 시뮬레이션 결과에 대한 해석
- 발표 후 피드백을 통한 수정 과정

학생은 활동을 끝냈다는 사실만 기억하는 것이 아니라, '선택 과정-근거-수정-성찰'의 흐름을 미리 정리해 두어야 한다. 이 준비가 되어 있을 때 학생부에 적힌 활동은 수업 맥락과 탐구 결과가 결합된 구체적 '증거'가 된다.

면접은 말 잘하는 기술을 뽐내는 자리가 아니라, **누적된 기록을 말로 입증하는 자리**다. 그리고 그 입증의 힘은 면접 직전에 만들어지지 않는다. 수업 시간의 질문, 수행평가를 준비하며 정리한 근거, 발표 후 고친 흔적이 쌓여 있어야 한다. A가 내신 등급의 열세를 뒤집고 합격할 수 있었던 이유는 학교 안에서의 학습 누적을 면접에서 설득력 있게 재구성했기 때문이다.

앞서 본 A 학생의 사례처럼, 고등학교에서의 성취는 단순한 점수가 아니라 '설명할 수 있는 힘'에서 나온다. 그리고 이 힘의 뿌리는 결국 문해력, 질문력, 탐구력 같은 '배움의 기초체력'이다.

기초체력이 자라는 실제 과정

고등학교에 입학하면 학생은 수업, 수행평가, 비교과 활동, 세특, 과목 선택까지 거의 모든 순간에서 선택을 해야 한다. 그 선택의 기준으로 학교가 가장 자주 제시하는 단어가 '진로'다. 고1 첫 학기부터 "진로와 연결된 수행평가 주제를 정하라"는 안내를 듣고, 동아리를 고를 때도 관련성을 고민하라는 말을 듣는다.

그런데 많은 아이들이 막막함을 느낀다. "하고 싶은 게 명확하지 않아요", "진로를 어떻게 정해야 할지 모르겠어요"라고 말한다. 이런 혼란은 아이가 부족해서가 아니다. 중학교 때 '진로 탐색'을 했더라도, 생각을 붙잡고 끝까지 따라가 보는 경험이 충분히 쌓이지 않았기 때문이다.

진로를 고등 입학 전부터 세부 전공까지 확정할 필요는 없다. 하지만 계열 수준의 큰 방향성(인문/사회/자연/공학/예체능 등)은 고1 이전에 어느 정도 잡아두는 편이 훨씬 유리하다. 고등학교는 '고민하는 시기'라기보다 '증명해야 하는 시기'에 가깝기 때문이다. 그래서 중학교는 자신의 진로와 학습법을 고민하고, 학습 습관을 만들 수 있는 거의 유일한 골든타임이 된다.

그렇다면 초등과 중등 시기에는 무엇을 준비해야 할까? **고등학교에서 평가되는 역량의 뿌리는 결국 문해력, 질문력, 탐구력, 자료 해석력, 글쓰기, 발표력 같은 기초체력이다.** 이 기초체력은 마치 나무의 뿌리와 같다. 읽기(문해력)가 단단해지면 질문이 생기고, 질문을 따라가면 탐구가 시작되며, 탐구한 내용을 정리하면 글이 되고, 그것을 전달하는 과정에서 발표력이 자란다. 이 역량들은 따로 떨어진 능력이 아니라 서로를 끌어올리며 함께 자란다.

앞서 언급했듯 생성형 AI를 활용하라고 권장하는 분위기 속에서, 어떤 아이들은 단 몇 개의 키워드만으로 그럴듯한 결과물을 만들어낸다. 겉으로는 멋있어 보여도, 그 결과물을 자기 말로 설명하지 못하면 평가에서 바로 드러난다. 이제는 "베꼈니, 안 베꼈니"의 문제가 아니라, "네 말로 설명해 봐"라는 질문 앞에서 흔들리지 않는 힘이 필요하다.

그리고 이 힘은 고등학교에 들어가서 갑자기 키울 수 없다. 고등학교는 수행평가와 기록, 과목 선택, 내신 경쟁이 동시에 몰려오는 시기다. '생각하는 훈련'을 처음 시작하기엔 시간이 너무 부족하다. 결국 격차는 기초체력이 쌓인 아이와 빠른 답만 찾는 아이 사이에서 크게 벌어진다. 그래서 "우리 아이는 어디서부터 시작해야 할까?"라는 질문의 답은 명확하다. 지금 아이가 가장 약한 고리부터 보완하되, 그 고리가 다른 역량과 어떻게 연결되는지를 함께 봐야 한다. 이제 그 실제 형성 과정을 하나씩 살펴보자.

문해력: '제대로 읽기'가 사고의 뼈대를 만든다

요즘 아이들이 가장 어려워하는 것은 단순히 "책을 안 읽는다"는 문제가 아니다. 글을 구조적으로 읽어 본 경험이 부족하다는 점이다. **문해력은 글자를 알아보는 능력이 아니라, 문장과 문단의 관계를 파악하고, 글쓴이의 의도와 논리 구조를 읽어내며, 읽은 내용을 머릿속에서 다시 조립해낼 수 있는 사고력**이다.

문해력의 첫 단계는 어휘 이해다. 모르는 단어가 많으면 글의 흐름이 끊기고 문장 구조를 해석하기 어렵다. 그다음은 문장과 문단의 논리적 연결을 읽는 힘이다. 중심 문장은 무엇인지, 뒷받침 문장은 무엇인지, 인과·대조·전환의 흐름이 어떻게 이어지는지 알아야 한다.

마지막 단계는 읽은 내용을 자신의 언어로 재구성하는 과정, 즉 요약이다. 요약은 글을 줄이는 기술이 아니라 핵심을 파악하고 구조를 압축하여 다시 구성하는 힘이다. 그래서 요약 능력이 뛰어난 아이가 모든 교과에서 안정적으로 성취를 보인다.

독해 문제집도 "정답 맞히기"가 아니라 "구조 읽기 훈련"으로 활용해야 한다. 어떤 근거로 선택지를 골랐는지, 글의 어떤 부분이 답을 뒷받침하는지 말로 설명하게 하면 사고가 깊어진다.

독서 방식 또한 하나로 고정할 필요가 없다. 어떤 책은 처음부터 끝까지 천천히 읽으며 사유를 확장해야 하고, 어떤 경우에는 필요한 부분만 발췌해서 읽는 것이 더 효율적일 때도 있다. 사회·과학·시사 흐름을 이해하려면 짧은 글 여러 편을 비교하며 읽는 방식이 오히려 효과적일 수 있다. '독서냐 독해냐'가 아니라, 상황에 따라 읽기 전략을 조절할 수 있는 유연한 문해력이 진짜 실력이다.

문해력은 이제 문자 해석을 넘어 미디어 리터러시로 확장된다. 그래프, 표, 통계자료, 기사, 시사 텍스트의 구조를 읽고 의미를 해석하는 능력은 고등학교 수행평가뿐 아니라 대학 학업의 기본이 되었다. 사회에서는 인구 변화 그래프를 읽을 줄 알아야 하고, 과학은 실험 데이터를 해석해야 하며, 수학은 함수 그래프를 상황과 연결해 설명해야 한다. 영어 비문학에서도 표·도표 해석은 필수 요소가 되었다.

문해력은 하루에 만들어지지 않지만, 꾸준히 쌓이면 어느 교과에서도 흔들리지 않는 학업의 기초체력이 된다. 반대로 문해력이 부족하면 고등학교에서의 어려움은 아주 구체적으로 나타난다. 지문을 겉핥기식으로 읽어 수행평가 자료를 오독하거나, 문제의 핵심을 놓쳐 엉뚱한 방향으로 보고서를 쓰기도 한다. 문장 하나가 바뀌면 의미의 전환을 따라가지 못해 선택 기준이 흔들리고, 교과서 개념을 정리할 때 중심과 주변을 분리하지 못해 학습 시간이 지나치게 길어진다. **문해력은 고등학교 대부분의 학습을 떠받치는 구조적 사고력이다.**

질문력: 독서에서 탐구로 이어지는 사고의 흐름

부모들은 종종 "우리 아이는 궁금한 게 없다"고 말한다. 하지만 아이들은 호기심이 없는 것이 아니라, 궁금증이 생겼을 때 그것을 붙잡고 끝까지 따라가 본 경험이 부족할 뿐이다. 질문은 이해되지 않는 문장에서 시작되고, 글쓴이의 관점이 낯설게 느껴지는 순간에 생기며, 두 자료의 충돌 지점을 보았을 때 활성화된다. 독서 후 "무엇이 가장 이해가 안 됐어?", "이 부분은 왜 이런 논리로 설명했을까?" 같은 질문만 던져도 사고는 열리기 시작한다.

요즘 학교에서 '진로 연계 탐구'를 요구한다고 해서, 질문이 곧바로 진로에서 출발해야 하는 것은 아니다. 질문은 '진로'보다 교과 이해에서 먼저 출발해야 한다. 개념을 제대로 이해한 아이는 자연스럽게 "그럼 이건 어디에 쓰일까?", "다른 경우에도 성립할까?", "이 관점 말고 다른 해석은 없을까?" 같은 질문을 만들어낸다. **질문은 지식을 확장시키는 가장 현실적인 시작점**이다.

질문이 생기면 탐구가 시작된다. 탐구는 거창한 연구 활동이 아니라, 작은 의문을 끝까지 따라가는 과정이다. 다만 질문력이 충분히 길러지지 않은 아이는 고등에서 탐구를 시작할 때 막막해한다. 주제를 분석할 때 기준을 잡지 못하고 보고서는 정보 나열로 흐르며 '학생의 생각'이 드러나지 않는다. 이때 교사는 학생의 잠재력을 읽기 어렵고, 대학이 주목하는 사고의 깊이 역시 드러나기 어렵다.

탐구는 글쓰기와 발표로 연결될 때 비로소 완성된다. 생각을 글로 정리하면 아이는 자신의 사고가 어디에서 막히는지 확인하게 되고, 발표를 하며 상대의 반응을 보면서 말의 구조를 조정하는 능력을 기르게 된다. 말하기는 기술이 아니라 사고·언어·관계 능력이 결합된 종합 역량이다.

글쓰기: 사고의 발달은 글쓰기의 발달이다

고등학교 수행평가의 상당수는 글쓰기 기반으로 이루어진다. 설명문, 분석 보고서, 논설문, 비교·평가 글, 탐구보고서, 발표 대본까지 결국 사고를 글로 조직하는 능력이 학업 역량의 중심이 된다. 글쓰기는 단숨에 잘해지는 것이 아니라, 어휘가 확장되는 유아기부터 학년이 올라가면서 자연스럽게 발달하는 나선형 구조를 가진다.

초등 1~2학년은 감정과 하루의 경험을 문장으로 표현하는 단계다. 글의 목적은 '잘 쓰는 것'이 아니라 '문장으로 표현하는 경험'을 만드는 데 있다. 초등 3~4학년은 설명·주장·설득의 구조를 이해하며 생각을 글로 조직하는 시기다. 초등 5~6학년에는 글쓰기 난도가 눈에 띄게 높아지며, 독서감상문과 논설문 같은 고등 수행평가의 기본 구조를 자연스럽게 경험하게 된다. 글쓰기가 막히는 아이에게는 '유튜버처럼 쓰기'가 효과적일 때도 있다. 도입-본론-마무리라는 말하기 구조를 글로 옮기면 흐름이 잡히기 때문이다.

중학생 시기는 에세이, 서평, 비교·분석 글쓰기 등 다양한 글을 경험하는 단계다. 그중에서도 독서감상문과 논설문을 제대로 쓸 수 있으면, 고등 수행평가의 상당 부분이 준비된다. 두 글쓰기에 요약, 핵심 파악, 근거 제시, 구조화, 자료 해석이 모두 담겨 있기 때문이다.

그리고 고등학교에서는 탐구보고서가 글쓰기의 최종 형태가 된다. 탐구 질문 설정, 자료 조사, 분석, 해석, 결론 도출, 후속 질문까지 이어지는 흐름은 초·중학교에서 쌓아온 문해력·요약력·논리적 사고가 총동원되는 작업이다.

문제는 많은 학생이 이 과정을 '건너뛰는 방식'에 익숙해져 있다는 점이다. 어려운 문제나 과제가 나오면, 사진을 찍어 앱에 올리고 풀이를 받아 적거나, 생성형 AI로 결과물을 빠르게 만들어 제출한다. 겉으로는 효율적이지만, 사실은 가장 중요한 성장 구간을 통째로 생략하는 것이다. 고민하며 답답함을 견디는 시간, 해결했을 때의 쾌감이 쌓여 실력이 되는데, 그 기회를 스스로 팔아버리는 셈이다. 이럴수록 아이는 '결과물'은 만들지만 '실력'은 남지 않는다.

게다가 내신 변별력이 약해질수록, 학교는 결과만큼이나 과정을 본다. 교사는 학생의 사고 과정과 언어화 능력에서 차이를 발견하려 한다. **평가의 핵심은 '내가 어떤 언어로 설득하고 공감시키는가'에 있다.**

글쓰기 기초가 부족한 학생이 고등에서 겪는 가장 큰 어려움은 "생각은 있는데 글이 안 나오는 현상"이다. 생각이 없어서가 아니라, 생각을 구조화해 본 경험이 부족해서다. 문단은 늘어나지만, 중심이 흐려지고, 근거와 주장 사이 연결이 매끄럽지 않다. 제한 시간 안에 완성해야 하는 수행평가에서 어려움을 겪고, 결국 AI 의존이 심해진다. 이 악순환을 끊는 방법은 빠른 아웃풋이 아니라, 느리더라도 '구조화'의 경험을 쌓는 것이다.

발표력: 말하기는 사고와 사회성이 결합된 역량이다

고등 수행평가에서 학생들이 가장 부담을 느끼는 요소는 발표다. 사회·과학·영어·국어 등 여러 교과에서 발표는 핵심 평가 방식이며, 대학 면접에서도 말하기 능력은 결정적인 역할을 한다. **발표력은 기술이 아니라, 사고를 언어로 정리하고 상대의 반응에 따라 조정하며 사회적 관계 안에서 소통하는 종합 능력**이다.

발표력의 뿌리는 초등 시절부터 어른과 충분히 대화하며 생각을 정리해 말해보는 경험이다. 독서를 한 뒤 짧게라도 책에 대한 생각을 말하는 시간은 훌륭한 발표 연습이 된다. 이 과정에서 아이는 정돈된 어휘를 사용하고, 상대의 질문에 대응하며, 자신의 의견을 근거와 함께 설명하는 법을 익힌다. 발표를 잘하는 아이는 말솜씨가 좋은 것이 아니라 사고의 구조가 명확하다.

또한 요즘 수업에서는 모둠활동이 늘어나며 발표는 '발표 담당'의 기술을 넘어선다. 각자의 능력 범위 안에서 역할이 나뉘지만, 그 경계는 점점 허물어진다. 누군가는 자료를 찾고, 누군가는 정리하고, 누군가는 질문을 던지고, 누군가는 발표를 맡는다. 이 과정에서 필요한 것은 서로를 설득하고 이해하는 능력이다.

여기서도 허무맹랑한 아이디어는 힘을 잃는다. 교과 개념과 연결되지 않은 생각은 설득되지 않기 때문이다. 오히려 "이 전 단계는 무엇이었지?", "이 이후에는 어떻게 확장하지?"를 다각도로 보는 관점이 발표의 설득력을 만든다.

발표력이 부족하면 고등학교에서는 단순히 말하기가 어려운 수준을 넘어, 사고가 드러나지 않아 평가가 어려운 상황이 발생한다. 면접형 수행평가에서 말이 끊기거나 핵심을 놓치면, 학생이 가진 사고의 깊이를 교사가 읽어내기 어렵다. 발표는 사고-언어-사회적 반응 조정이 모두 포함되는 복합 역량이기 때문에 초·중등 시기부터의 누적이 없다면 고등에서 갑자기 끌어올리기 어렵다.

진로 탐색: 기초체력이 향하는 방향

"진로가 정해지지 않았는데 학종을 준비할 수 있나요?"
이는 부모와 학생들이 가장 많이 하는 질문이다. 결론부터 말하면, 학종을 목표로 한다면 진로 방향은 고1 이전에 어느 정도 잡아두는 것이 유리하다.

이는 세부 전공까지 확정하라는 의미가 아니다. 하지만 계열 수준의 큰 방향(인문/사회/자연/공학/예체능 등)은 정해져 있어야 한다. 왜냐하면 고등학교에 입학하는 순간부터 거의 모든 선택이 '진로'를 중심으로 작동하기 때문이다.

• 선택과목 결정: "진로에 필요한 과목을 우선 선택하세요"
• 수행평가 주제: "진로와 연계된 주제를 정하세요"
• 동아리 선택: "진로 관련 동아리 활동이 유리합니다"
• 탐구보고서: "진로 연계 탐구가 세특에 기록됩니다"

실제로 학교 현장에서 수행평가 안내문을 보면 "진로와 연결된 주제 선정"이라는 문구가 반복적으로 등장한다. 이것은 권장사항이 아니라 사실상 평가의 기준이 되고 있다.

물론 진로가 바뀔 수도 있다. 중요한 것은 '지금 이 순간의 관심사'를 중심으로 일관된 활동을 쌓아가는 것이다. 고1 때 의학에 관심 있었다가 고2 때 생명공학으로 바뀌어도 괜찮다. '생명'이라는 큰 틀 안에서 관심이 구체화된 것으로 읽히기 때문이다.

하지만 고1 때는 인문, 고2 때는 공학, 고3 때는 예체능처럼 계열 자체가 바뀌면 기록의 일관성을 만들기 어렵다.

그래서 중학교는 진로 탐색의 골든타임이다. 고등학교는 '고민하는 시기'가 아니라 '증명하는 시기'에 가깝다. 고민은 중학교에서 끝내고, 고등학교에서는 그 방향으로 깊이를 쌓아가야 한다.

고등학교 입학 후 학생은 선택과목 결정부터 수행평가 주제 선정, 동아리 가입까지 거의 모든 순간에서 '진로'라는 기준과 마주한다. 고1 첫 학기부터 쏟아지는 진로 연계 요구에 아이들은 "꿈이 없는데 어떻게 정하느냐"며 막막해하지만, 이는 아이의 잘못이 아니다. 진로는 어느 날 갑자기 떨어지는 정답이 아니라, 그간 쌓아온 경험들이 가리키는 방향이기 때문이다.

대학이 주목하는 것은 활동의 개수가 아니라 '성장의 서사'다. "무엇을 했는가"보다 "어떻게 생각이 확장되었는가"를 보며, 활동의 사실 나열보다 그 활동이 어떤 학습 경험을 만들었는지를 평가한다. 진로 탐색은 문해력·질문력·탐구력·글쓰기·발표력이라는 기초체력이 '개인의 관심사'라는 방향을 만났을 때 의미 있는 전략이 된다.

진로를 구체화하고 대학에 성장의 흔적을 보여주기 위한 실전 방법론은 다음과 같다.

- 독서와 미디어: 진로의 언어를 배우는 첫 단계

진로 탐색은 '내가 무엇을 좋아하나'라는 막연한 질문보다 '관심 분야의 언어'를 접해보는 것에서 시작된다. 전공서가 아니어도 청소년 교양서나 입문서 한두 권만 읽어도 그 분야의 사고 방식을 맛볼 수 있다. 영상 매체도 도움이 된다. 해당 직업인의 인터뷰나 산업 분석 콘텐츠를 통해 현장의 공기를 느끼며 관심이 구체화된다. 이 과정에서 문해력이 핵심이다. 텍스트와 영상을 보고 핵심을 읽어내야 막연한 동경이 구체적 관심으로 바뀐다.

- 비교과 활동: '많은 것'보다 '이어지는 것'이 중요하다

관심이 생겼다면 이제 움직여야 한다. 하지만 대학은 여기서도 '화려함'보다 '연결'을 본다. 느슨하더라도 하나의 관심사로 연결된 활동은 강력하다. 고1에 AI 윤리 관련 책을 읽었다면,

고2에는 이미지 생성 기술의 저작권 문제를 토론하고, 고3에는 AI 규제 법안의 쟁점을 분석하는 보고서를 쓰는 식이다. 질문이 꼬리에 꼬리를 물며 확장될 때 탐구는 '스토리'가 된다.

- 대학이 선호하는 것은 '문제 해결력'의 흔적이다

대학이 선호하는 인재상을 한 단어로 요약하면 문제 해결력이다. 단순히 문제를 잘 푸는 능력이 아니라 스스로 문제를 인식하고 질문을 던지며, 교과 지식과 개인의 관심을 연결해 해결해 가는 힘이다. 같은 수업을 들어도 학생마다 해석이 달라야 한다. 같은 미적분을 배워도 공학에 관심 있는 학생과 경제에 관심 있는 학생이 받아들이는 방식이 달라야 하고, 그 차이가 기록에서 드러날 때 대학은 성장 가능성을 읽는다.

- 부모의 역할: 결과가 아니라 '과정의 기초체력'을 지켜주는 사람

부모가 결과에만 집착하면 관계가 흔들리고 아이는 수험생활을 지옥처럼 느낄 수 있다. 아이가 성장할수록 부모는 심리적 거리를 두고, 때로는 '옆집 아이' 보듯 객관적으로 바라볼 필요가 있다. 그래야 감정에 휘둘리지 않고 아이의 학습 습관과 기초체력을 점검할 수 있다.

결국 고등학교에서의 진로 활동은 별개의 숙제가 아니다. 읽기(자료해석), 묻기(질문), 쓰기(보고서), 말하기(발표)의 역량이 '나의 관심사'라는 주제를 만났을 때 비로소 의미 있는 진로의 이야기로 정리된다. 문해력과 탐구력이 없는 진로 활동은 알맹이 없는 껍데기에 불과하다. 아이가 어떤 방식으로 배우고 탐구하며 생각을 확장해 가는지, 그 '과정의 기초체력'을 기르는 것이야말로 가장 확실한 진로 준비다.

도서목록: 중3까지 미리 읽어두면 좋은 계열별 도서

이 책에서 도서목록은 '많이 읽기 위한 목록'이 아니라, 고등학교 학습과 수행평가, 탐구로 이어질 수 있는 읽기의 출발점으로 제시한다. 중요한 것은 '무엇을 읽었는가'보다 어떻게 읽고, 무엇을 남겼는가다.

책은 단순히 읽기에 그치지 말고, 다음 세 가지를 반드시 남겨보길 권한다.

첫째, 내용 정리

줄거리 요약이 아니라, 책의 핵심 주장과 근거, 인상 깊었던 개념을 자기 언어로 정리해보는 과정이 필요하다. 이는 이후 수행평가 보고서와 세특에서 요구되는 '개념 정리 능력'의 기초가 된다.

둘째, 확장 질문과 탐구 메모

읽으며 생긴 궁금증, 반론, 다른 사례가 떠오른 지점을 짧게라도 메모해 두면, 이 질문이 고등학교에서 수행평가 주제나 탐구보고서의 출발점이 된다. "왜 이런 현상이 생길까?", "다른 조건에서도 성립할까?" 같은 질문이면 충분하다.

셋째, 주제 확장 독서

하나의 주제를 중심으로 2~3권을 연결해 읽어보는 경험은 사고의 깊이를 눈에 띄게 바꾼다. 예를 들어 인공지능 윤리를 다룬 입문서를 읽었다면, 기술적 원리를 다룬 책과 사회적 쟁점을 다룬 책을 함께 읽으며 관점을 넓혀보는 식이다. 이 과정에서 아이는 '읽은 내용'을 넘어 '생각의 흐름'을 갖게 된다.

이런 읽기의 누적은 고등학교에서 갑자기 만들어지지 않는다. 중학교까지 쌓인 정리-질문-확장 독서의 습관이 있어야, 고등학교 수행평가와 탐구, 면접에서 책이 '활동 나열'이 아니라 사고의 증거로 작동한다. 도서목록은 그 출발선일 뿐이며, 진짜 실력은 책을 읽고 남긴 기록에서 만들어진다.

※ 과목별 필수 도서 목록은 뒷부분 [부록]에 정리해 두었다.

2026년 고등학교 학교생활기록부 독서활동사항 기재요령

독서활동상황 기재요령

가. '독서활동상황'에는 독서활동에 특기할 만한 사항이 있는 학생을 대상으로 읽은 책을 '도서명 (저자)' 형식으로만 입력한다.

　※ 독서 과정의 관찰·확인이 어려운 독서 성향 등은 기재하지 않고, 읽은 책의 제목과 저자만 기재하여 독서활동 기록의 신뢰도를 제고함.

　※ ISBN에 등재된 도서에 한해 기재 가능하며, 정기간행물 즉, ISSN에 등재된 도서는 기재할 수 없음.

　※ 도서명과 저자명에 쓰인 대학명, 상호명, 기관명 등은 입력할 수 있음.

〈예시〉 국어교과의 경우

학년	과목 또는 영역	독서 활동 사항
1	국어	(1학기) 공중그네(오쿠다 히데오), 꿈꾸는 다락방(이지성), 교실 밖 국어여행(강혜원 외)
		(2학기) 연을 쫓는 아이(할레드 호세이니), 세 잔의 차(그레그 모텐슨, 데이비드 올리버 렐린), 데미안(헤르만 헤세)

나. 학생이 동일한 책을 반복하여 읽고 동일하지 않은 독서 증빙자료를 제출한 경우, 학년·학기·과목(또는 영역)에 상관없이 중복하여 입력할 수 있다.

※ 원서와 한국어 번역본을 읽고 동일하지 않은 증빙자료를 제출한 경우에도 각각 입력할 수 있음.

다. 단순 독후활동(감상문 작성 등) 외 교육활동을 전개하였다면, 도서명을 포함하여 그 내용을 다른 영역(교과학습발달상황 세부능력 및 특기사항, 창의적 체험활동상황 영역별 특기사항 등)에 입력할 수 있다.

* 출처 : 교육부, 한국교육학술정보원

고등학교 생활기록부의 '독서 활동 상황'은 대학에 제공되지 않는다. 이 변화는 독서의 중요성이 줄어든 것이 아니라, 독서의 위치가 바뀌었다는 의미에 가깝다. 독서는 더 이상 독립된 항목이 아니라 교과 활동 속에서 드러나는 사고 과정으로 이동했다.

2022 개정 교육과정과 성취평가제는 지식의 양보다 학습 과정의 질을 본다. 수행평가, 논·서술형 평가, 교과종합평가는 모두 개념을 이해하고 적용하며 재구성하는 힘을 평가한다. 따라서 책을 읽었다는 사실보다, 그 책이 수업과 평가 안에서 어떻게 활용되었는지가 중요해졌다. 이제 독서는 '목록'으로 남는 활동이 아니라, 결과물 속에서 드러나는 사고의 흔적이다. 질문의 깊이, 분석의 구조, 표현의 논리 속에 녹아 있을 때만 의미를 가진다. 변화된 평가 체계 안에서 독서는 별도의 스펙이 아니라 학습 역량을 드러내는 도구다.

Part 04

[학습] 공부는
재능이 아니라 구조다

Prologue. 공부는 재능이 아니라 구조다

1. 공부와 학습은 다르다. '입력'과 '내면화'의 차이
2. 배운 것을 '내 것'으로 만드는 법 : 망각과 반복의 과학
3. 집중이 성적을 만든다 : 학습 리듬의 과학
4. 실전 학습 시스템 : 실행이 쉬운 공부법

노력은 하는데 성적이 오르지 않는 아이를 둔 많은 부모가 그 원인을 '머리'에서 찾으려 한다. 하지만 성적의 차이는 머리의 문제가 아니라 공부의 구조에서 비롯된다. 아이의 뇌는 누구나 비슷한 능력을 갖추고 태어나지만, 그 뇌를 어떤 방식으로 쓰고 관리하느냐에 따라 결과는 달라진다.

단순히 문제를 많이 푸는 아이보다, 배운 내용을 스스로 정리하고, 설명하고, 다시 떠올리는 아이가 훨씬 오래 기억한다. 이것이 바로 내면화의 구조이며, 이 구조를 습득한 아이는 시간이 지날수록 더 빠르고 깊게 배운다.

공부는 지식을 쌓는 일이 아니라 사고의 길을 만드는 과정이다. 그 길은 하루 만에 생기지 않는다. 반복과 몰입, 휴식과 회복이 균형을 이루며 뇌가 스스로 학습하는 힘을 키워갈 때, 비로소 진짜 자기주도 학습이 시작된다. 부모의 역할은 조급함으로 아이를 밀어붙이는 것이 아니라, 그 리듬을 지켜주고 환경을 설계해주는 것이다.
아이의 학습은 재능이 아니라 구조로 완성된다.

이 장에서는 앞으로 우리 아이들이 어떻게 공부하고, 자기주도적으로 학습하며 성장해야 하는지를 함께 알아볼 것이다. 꾸준함과 믿음이 아이의 학습 구조를 완성하는 가장 든든한 기반이 된다.

같은 시간을 공부한 학생들 사이에서도 성과는 다르게 나온다. 누군가는 성적이 꾸준히 오르고, 또 다른 누군가는 제자리걸음이다. 이 차이는 머리의 좋고 나쁨이 아니라 '내면화의 깊이'에서 생긴다.

성적을 결정하는 핵심 요인은 단순한 '공부량'이 아니라, '배운 내용을 얼마나 깊이 이해하고 자기 것으로 만들었는가?'이다.

공부는 누구나 한다. 하지만, 어떤 학생은 반복해서 배워도 금세 잊어버리고, 어떤 학생은 한 번 배운 내용을 오래 기억하며 새로운 문제해결에까지 적용한다. 둘의 차이는 '입력(Input)'에서 멈추느냐, **'이해 → 설명 → 활용'**으로 연결하느냐에 있다.

이를 수학 학습에 적용하면 차이는 분명해진다. 어떤 학생은 이차방정식의 근의공식($x = \dfrac{-b \pm \sqrt{b^2 - 4ac}}{2a}$)을 외우지만, 왜 그렇게 되는지를 물으면 대답하지 못한다. 반면, 다른 학생은 그 공식을 유도하는 과정을 스스로 써보며 "결국 이 식은 완전제곱을 만들기 위한 정리 과정이구나" 라고 이해한다 이 학생의 머릿속에서는 공식이 단순한 '문장'이 아니라 '논리적 구조'로 연결된 상태가 된다. 여기서 후자의 학생은 공식을 외운 학생이 아니라, 공식을 '이해해서 다시 만들어낼 수 있는 학생'이다.

공부와 학습은 다르다.
받아들이는 것과 내 것이 되는 것의 차이

결과적으로 공부와 학습의 차이를 쉽게 풀어 정리하자면, 공부는 지금 하고 있는 행동이고, 학습은 그 행동 이후에 머릿속에 남은 변화이다.

문제를 풀었는지가 아니라 왜 풀 수 있는지를 설명할 수 있는가,

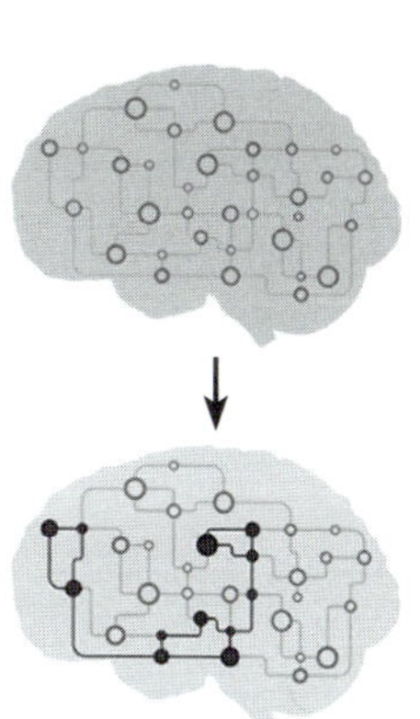

외웠는지가 아니라 다시 꺼내 써먹을 수 있는가가 학습의 기준이다.

공부는 지나갈 수 있지만, 학습은 반드시 남아야 한다. 이 차이를 이해하는 순간, 아이의 공부 방향은 완전히 달라진다.

단기 성적형 공부	내면화형 학습
문제 풀이 위주로 반복한다.	개념을 이해한다.
시험이 끝나면 기억도 함께 사라진다.	자기 언어로 정리한다.
다음 시험마다 다시 처음부터 시작한다.	다른 단원, 다른 과목과 연결하며 확장한다.

내면화형 학습을 하는 학생이 바로 고득점자이며, 심화 문제를 해결하는 학생, 그리고 자기주도형 학습자이다.

결국 공부의 본질은 지식을 얼마나 많이 쌓았는가가 아니라, 지식이 나에게 얼마나 의미 있는 구조로 남아 있는가에 있다. 그리고 이 차이는 타고난 재능에서 비롯되는 것이 아니라, 공부를 대하는 태도에서 만들어진다.

공부를 '하는 것'에서 멈출 것인가, 학습으로 '남기게' 만들 것인가는 지금, 이 순간의 선택에 달려 있다.

'왜 배워야 하는가?'를 이해한 아이는 배운 지식을 내면화한다. 반대로, 누가 시켜서 공부하는 아이는 지식을 흘려보내며 자기 안에 쌓지 못한다. 내면화는 단지 반복의 결과가 아니라, 의미를 발견하고 사고로 연결하려는 노력의 결과다.

공부의 진짜 힘은 노력의 양이 아니라, **배움을 자기 안에서 '의미 있는 구조'로 바꾸는 능력에서 비롯된다.** 이 구조를 갖춘 학생은 언젠가 반드시 성장의 궤도에 오른다.

배운 것을 '내 것'으로 만드는 법 : 망각과 반복의 과학

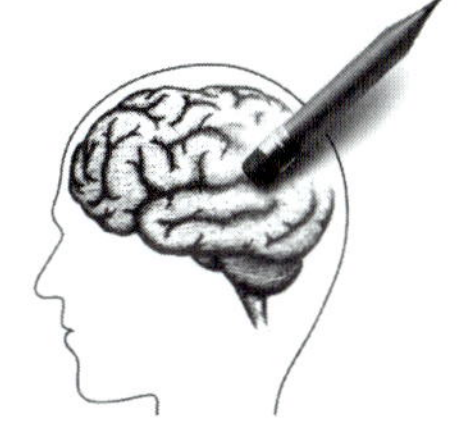

공부는 단 한 번으로 완성되지 않는다. 인간의 뇌는 정보를 한 번에 저장하지 못한다. 처음 배운 내용은 마치 모래 위에 쓴 글씨처럼 쉽게 흩어진다. 그 글씨를 돌 위에 새기려면, 여러 번 덧새기고 다듬는 시간이 필요하다. 그 과정이 바로 반복이다. 반복은 단순한 암기가 아니다. 뇌가 정보를 장기기억으로 옮기기 위해 거치는 생물학적 훈련 과정이자, 배운 것을 '내 것'으로 만드는 심화의 과정이다. 배우는 것은 시작일 뿐이다. 진짜 학습은 반복을 통해 지식을 나의 언어, 나의 사고로 재구성하는 과정이다. 즉, 공부의 양보다 중요한 것은 '반복의 구조', 그리고 그 구조 속에서 형성되는 '내면화의 깊이'다.

반복의 본질 — 뇌는 "다시 만난 정보"를 사랑한다.

19세기 심리학자 헤르만 에빙하우스는 '망각 곡선'을 통해 사람이 새로 배운 내용을 얼마나 빠르게 잊는지를 실험으로 보여주었다. 놀랍게도 우리는 하루가 지나면 배운 내용의 절반 이상을 잊는다. 하지만 일정한 간격을 두고 다시 복습하면, 그 잊히는 속도는 점점 느려진다. 하루, 3일, 일주일, 그리고 2주 후에 같은 내용을 다시 보면 기억의 선은 점점 완만해지고, 뇌는 "이건 중요한 정보야"라

독일의 심리학자 헤르만 에빙하우스(Hermann Ebbinghaus)는 1885년 '기억에 관하여'라는 책에서 망각곡선을 제시
시간이 지날수록 학습한 내용을 얼마나 잊는지에 대한 그래프

고 판단한다. 그 순간, 정보는 단기기억을 벗어나 장기기억으로 자리 잡는다. 뇌는 한 번 본 정보보다 다시 만난 정보를 더 깊이 사랑한다. 반복은 노력의 낭비가 아니라, **기억을 '설계'하는 가장 과학적인 행동**이다.

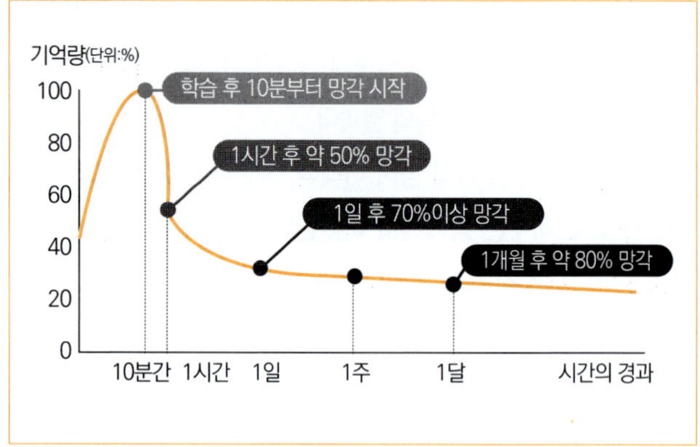

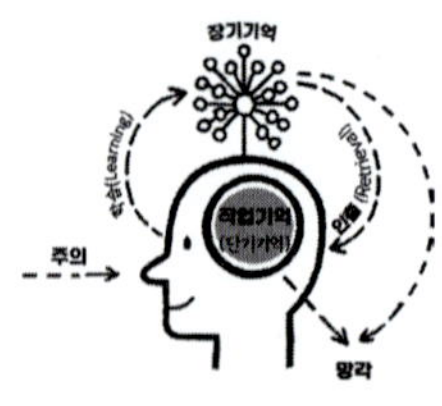

공부는 외우는 것이 아니다. 기억을 설계하라.

공부에서 가장 중요한 순간은 "다시 떠올리는 순간"이다. 많은 학생이 복습을 '다시 읽기'로 착각한다. 그러나 뇌는 읽을 때보다, 꺼내는 순간에 훨씬 강하게 반응한다.

책을 덮은 뒤 머릿속에서 스스로 설명해보거나, 문제를 풀다가 "왜 이렇게 되는 거지?"라고 되묻는 바로 그 불편함이 신경회로를 다시 잇고 강화하는 과정이다. 기억은 입력될 때 시작되지만, 인출될 때 비로소 굳어진다. 이것이 바로 **인출 연습(Retrieval Practice)**의 핵심이다.

또한 **반복은 시간의 간격이 있을 때 가장 효과적**이다. 오늘 하루에 모든 걸 쏟아붓는 공부는 황홀한 착각만 남는다. 뇌는 기억을 정리하고, 중요한 정보만 남기기 위해 숨 고르기가 필요하다. 하루 뒤, 3일 뒤, 일주일 뒤 다시 꺼내볼 때 뇌는 "이건 자주 등장하네, 중요한 정보구나"라고 판단하고 정보를 단기 저장고에서 장기 저장고로 이동시킨다. 이 과학적 메커니즘이 **간격 학습(Spaced Repetition)**이다.

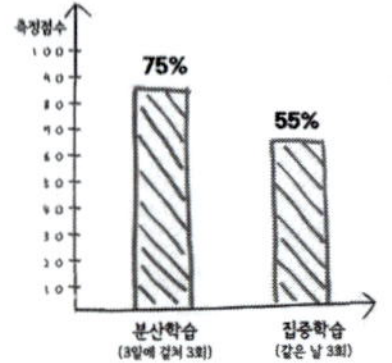

결국 반복의 목적은 익숙함을 만드는 것이 아니라 '자기 말'로 바꾸는 것이다. 처음엔 교과서 문장을 그대로 외운다. 하지만, 반복하다 보면 '개념'은 "남이 준 문장"에서 "내가 만들어낸 문장"으로 바뀌고, '문제 풀이'는 "남이 준 정답"에서 "내가 찾은 원리"로 바뀐다.

이 이러한 변화의 순간에 지식은 비로소 학생의 뇌 속에서 살아 움직이기 시작한다. 공부의 본질은 "지식을 얼마나 들었느냐"가 아니라 "지식을 얼마나 꺼내 볼 수 있느냐"이다. 반복은 노력의 낭비가 아니라 지식의 품질을 결정하는 가장 과학적인 설계 행위다. **기억은 입력될 때 시작되고, 인출될 때 비로소 '내 것'이 된다.**

실전 사례 1

개념 책을 여러 번 읽었는데 점수는 그대로였던 준호

준호는 시험만 끝나면 "어? 이거 아는 문제인데…"라는 말을 자주 했다. 교재의 개념 설명 부분은 누구보다 꼼꼼하게 읽고 형광펜도 열심히 칠했다. 하지만, 정작 문제 풀이에서는 답이 막혔다.

문제는 간단했다. 한 번도 자신의 머릿속에서 꺼내 본 적이 없다는 것.

준호는'본 것 같고, 외운 것 같아서 개념을 안다고' 착각했을 뿐, 실제로 사용하지는 못하고 있었다.

그래서 우리는 규칙을 만들었다.

- 단원마다 백지에 5줄 개념 요약하기
- 친구에게 설명하듯 말로 정리하기
- 문제집을 볼 때, "왜?"를 한 번씩 외치기

처음엔 어색해하고 오래 걸렸지만, 한 달 후 달라진 건 문제 풀이 속도가 아니라 이해의 질이었다. 이전엔 "이 식이 왜 이렇게 되는지 모르겠다"라고 말하던 아이가 이제는 "이건 A개념이랑 연결돼 있어서…"라며 스스로 개념 간 연결을 설명하기 시작했다.

시험 결과는?

틀린 문제 수는 크게 줄지 않았지만, 모든 문제에서 오답의 이유를 정확하게 말할 수 있게 되었다. 성적 상승은 바로 그다음 시험에서 찾아왔다. **준호는 이제 "읽는 공부"가 아니라 '내 머릿속에서 꺼내는 공부'가 진짜라는 걸 몸으로 이해했다.**

민지는 두꺼운 문제집을 풀며 분량으로 승부하는 타입의 학생이었다. 겉보기엔 누구보다 열심이었지만, 틀린 문제는 그냥 답만 고쳐 적어두고 지나갔다.

"왜 틀렸지?" "다른 방법은 없어?"

이 질문을 깊이 있게 고민해 보지 않았다.

결국 수학은 문제 패턴 암기가 되어버렸고, 조금만 변형된 문제 앞에선 쉽게 불안해했다.

그래서 학습 방식을 바꿨다.

- **모든 풀이 과정에 이유를 말하며 풀기**
- **하루에 1시간씩, 5일 간격 반복(Spaced Practice)**
- **오답은 문제 유형이 아니라 사고 오류를 기록하기**

2주쯤 지났을 때, 민지는 문제를 보자마자 공식을 쓰던 습관에서 벗어났다.

"선생님, 이건 도형 성질로도 풀 수 있어요!"눈빛이 바뀌었다.

시험 성적의 변화는 명확했다. 실수 문제가 7개에서 2개로 줄었고, 난이도 높은 응용문제 정답률이 상승했다. 실수의 원인이 부주의가 아니라 불완전한 이해였다는 걸 깨달은 것이다.

민지는 이제 묻는다. "이 공식을 여기서 써야 하는 이유가 뭐예
요?"

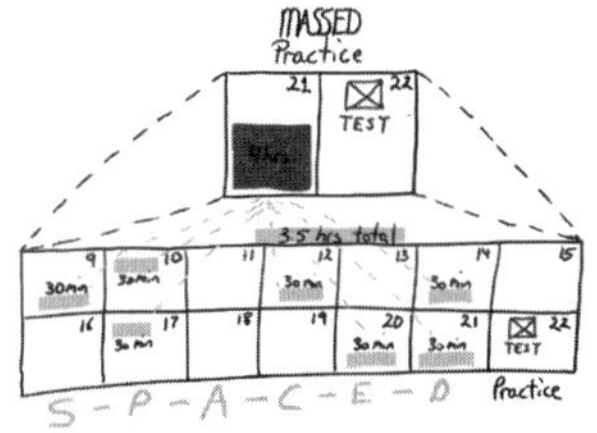

분산학습(spaced practice) : 시간 간격을 두고 반복적으로 학습하는 것

몰아서 학습하기보다 **간격을 두고 반복**하는 것이
기억에 더 효과적이며, **간격을 점차 늘려가는 방식**이
일정한 간격으로 복습하는 것보다 더 좋다.

공부를 잘하는 학생은 단순히 오래 앉아 있는 사람이 아니다. 그들은 집중과 회복의 리듬을 알고 있는 사람이다. 공부는 체력 싸움처럼 보이지만, 실제로는 '뇌의 에너지 순환'에 관한 과학이다. 뇌는 일정 시간 동안 에너지를 집중적으로 사용하고 나면, 반드시 휴식과 회복의 시간이 필요하다.

이 리듬을 무시한 채 버티듯 공부하면 집중력은 급격히 떨어지고, 학습 효율도 함께 무너진다. 그래서 효과적인 학습은 한 번에 오래 하는 공부가 아니라, 집중-휴식-재집중이 반복되는 분산 학습 구조 위에서 이루어진다.

짧게 집중하고, 잠시 쉬고, 다시 돌아오는 과정에서 뇌는 정보를 정리하고 기억을 강화한다. 이때 반복되는 '다시 꺼내기'가 학습을 단기 기억이 아닌 장기 기억으로 전환한다. 결국, 이 리듬을 이해하고 조절하는 능력, 즉 집중을 효율적으로 나누고 회복까지 설계하는 힘이 학습 효율을 결정짓는 핵심 열쇠다.

공부의 성패는 의지보다 오래 버티는 힘보다, 뇌의 리듬을 얼마나 과학적으로 다루느냐에 달려 있다.

집중의 순간, 뇌가 깨어나는 리듬을 이해하라.

집중력은 '참아내는 힘'만으로 생기지 않는다. 뇌 안에는 집중을 담당하는 '조절 센터'가 있는데, 이곳이 제대로 켜져야 비로소 공부가 머릿속에 들어온다. 이 조절 센터는 지금 해야 할 일에 주의를 붙잡아두고, 헷갈릴 때 해결 방법을 찾고, 목표를 잊지 않게 붙잡아주는 그런 역할을 한다.

그래서 집중은 의지만큼이나 뇌의 상태에 달려 있다. 전전두엽의 집중 지속 시간은 보통 20~30분이다. 따라서 처음부터 2~3시간을 한 번에 몰아 공부하려는 시도는 오히려 집중 저하를 부른다.

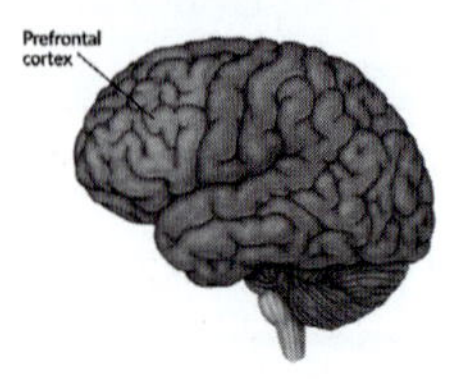

전전두엽 Prefrontal cortex

반대로, 20분 집중, 5분 회복, 다시 20분과 같은 짧고 강한 몰입 구조는 뇌의 생리적 리듬과 정확히 맞아떨어진다.

이 구조를 꾸준히 반복하면 30분, 40분, 50분으로 확장이 가능하고, 결국에는 깊은 몰입(Flow) 상태에 진입한다.

몰입(Flow)은 정신력이 강한 학생만 경험하는 것이 아니다. 심리학 연구에 따르면 몰입(Flow)은 아래 세 조건이 갖춰질 때 '자동으로' 발생한다.

- **명확한 목표**
- **즉각적인 피드백**
- **현재 실력보다 약간 어려운 난이도**

즉, 공부가 잘 안될 때의 문제는 의지 부족이 아니라 목표 설정과 난이도 조절, 피드백 환경이 정비되지 않았기 때문인 경우가 많다.

회복의 과학, **휴식은 게으름이 아니라 학습의 일부다.** 뇌는 깨어 있을 때는 정보를 넣고, 자고 있을 때는 그 정보를 정리한다. 그래서 수면 시간은 새로 배운 내용을 오래 기억으로 바꿔 주는 정리 작업 시간이다. 수면 시간을 줄이면 공부는 많이 했어도 정리가 안 되어 기억이 반밖에 안 남는 셈이다.

운동도 공부에 큰 도움이 된다. 가볍게 걷거나 뛰기만 해도 뇌에서 기억력을 키워주는 물질(BDNF)이 나와 집중력과 기분이 좋아진다. 음식도 중요하다. 당(포도당)은 뇌의 연료로 사용되고, 단백질은 뇌에서 신호를 전달하는 물질을 만든다. 또한, 오메가-3는 기억 회로를 부드럽게 만들어 생각이 더 잘 이어지게 해 준다. 반대로 커피나 달달한 음료는 잠깐은 힘을 내게 하지만, 곧바로 피로가

확 찾아와 집중력이 떨어진다. 결국 쉬고, 움직이고, 잘 먹는 것은 공부를 덜 하는 게 아니라 더 잘하게 만드는 핵심 습관이다.

휴식·운동·영양은 사치가 아니라, 학습 효율을 높여주는 공부의 필수 파트다.

학습 리듬 설계 — 50분 몰입과 10분 회복의 구조화

뇌는 '울트라디안 리듬(약 90분)'으로 움직인다. 즉, 일정 시간 집중한 후 반드시 회복이 필요하다. 따라서 가장 과학적이고 효율적인 공부 구조는 50분 집중 + 10분 휴식이다.

초보자는 포모도로(20분 집중 + 5분 휴식)로 시작해 서서히 시간을 늘려가면 된다. 휴식 시간에는 스마트폰, 게임, 강한 시각 자극 등을 피하는 것이 좋다. 짧게 눈을 감거나, 걷거나, 물을 마시거나, 창밖을 보는 것이 뇌의 피로를 해소하는 데 가장 효과적이다. 집중은 의지의 결과처럼 보이지만, 사실은 환경의 결과다. 정돈된 책상·차단된 알림·일정한 조도·일관된 시간대는 의지력을 거의 사용하지 않고도 몰입을 만들어낸다.

결국 "환경은 의지를 이긴다." 집중은 의지로 만들어내는 것이 아니라, 환경이 허락할 때 자동으로 발생한다.

- 인간의 뇌는 하루 중 90분 단위로 몰입 –이완을 반복하는 생리적 리듬(울트라디안 리듬)을 가짐
- 울트라디안 리듬 24시간 이내에 반복되는 생체 리듬을 의미. 그 중 가장 대표적인 것이 90~120분 간격의 집중-회복 사이클

하루 종일 공부한다는데, 왜 성적은 그대로일까요?

• 대상 및 문제 – 중학교 2학년 남학생

부모님은 "아이가 책상에 3시간 이상 앉아 있다"라고 말했다. 하지만 실제로는 대부분의 공부 시간에 멍한 시선, 공책만 바라보기, 문제 한 줄 보다가 스마트폰 확인하는 행동 등을 반복하고 있었다. 오랫동안 숙제를 하지만, 막상 어떤 내용을 배웠는지 물어보면 대답을 잘 못했다. 즉, 공부한 시간이 아니라 앉아 있던 시간만 늘어나는 상태였다.

[관찰 결과]

• 공부를 한번 시작하면 2~3시간 연속으로 버티려 함

• 스마트 폰 책상에 두고 틈틈이 확인 또는 쉬는 시간 동영상 보기
  : 다시 몰입 어려움

• 늦게 자고 늦게 일어남. 수면 6시간 미만, 아침 식사 자주 거름

[개입 전략]

• 학습 구조를 30분 집중, 5분 회복으로 재편

• 휴식 시간 스마트폰 완전 차단 및 침실 스마트폰 반입 금지

• 7~8시간 수면 + 아침 식사 필수

• 저녁마다 20분 산책 습관화

[3주 후 변화]

• 집중 시간이 50분까지 자연스럽게 증가

• 국어 개념 요약, 수학 기본 문제 풀이가 눈에 띄게 빨라짐

• 같은 시간 공부해도 기억에 남는 양 증가

[학부모 피드백]

"아이 표정이 달라졌어요. 힘들어 보이기보다 집중하고 있다는 느낌이 들어요. 저도 덜 불안해졌어요."

문제는 많이 푸는데 오히려 실수가 늘어

• 대상 및 문제 – 중학교 3학년 여학생

수학 학원에서 숙제를 많이 내줘 수학 문제집을 하루에 5~6 장씩 풀어야 한다. 하지만 틀린 문제를 다시 보면, "왜 틀렸는지"를 설명하지 못했다.

풀이 과정을 묻자, "그냥 이 공식은 여기서 쓰는 거니까…" 즉, 공식 암기에만 의존, 상황 판단이 안 되는 상태였다. 익숙한 유형은 맞지만, 문제만 조금 바뀌어도 완전히 막혔다. 문제를 푸는 양은 많았는데, 정작 실수는 늘어나고 성적은 그대로였다

[관찰 결과]

• 풀이 속도만 중요하게 생각

• '왜?'를 스스로 묻는 과정 없음

• 오답을 빨리 지우는 행동이 반복 (기억 정리가 안 됨)

[개입 전략]

• 문제 풀이 시 설명하면서 풀기(말로 하기) 적용

  예: "이 공식이 여기서 왜 필요하지?"를 스스로 말하게 하기

• 오답은 다음 규칙 적용

  ① 왜 틀렸는지 한 문장으로 설명

  ② 비슷한 유형 3개만 추가 풀이

• 하루 1시간 × 5일 분산 학습으로 전환

[3주 후 변화]

• 공식을 적용하는 이유를 스스로 설명 가능

• 변형 문제 정답률 약 30% 상승

• 시험에서 실수가 줄고 풀이 순서가 안정됨

자습 , 自習

혼자의 힘으로 배워 익히는 것. 또는, 그런 학습

학생의 하루는 생각보다 많은 공부 활동으로 가득 차 있다. 학교 수업, 학교 숙제, 학원 수업, 학원 숙제, 그리고 마지막으로 자습. 많은 학생은 앞의 네 가지를 열심히 하기만 하면 성적은 자동으로 오를 것이라고 믿는다. 하지만 알아가는 것과 내 것이 되는 것은 다르다. 실제로 성적을 결정짓는 가장 큰 힘은 다섯 번째 활동, 자습 속에 숨어 있다.

자습은 '누가 시켜서 하는 공부'가 아니다. 스스로 어떤 부분이 약한지 찾고, 그 틈을 채우기 위해 선택하는 시간이다.

수업에서 들은 지식을 내 언어로 다시 정리하고, 틀린 문제를 다시 풀며 원인을 분석하고, 이해한 개념을 다른 문제에 적용해보는 과정. 이때 비로소 학습은 외부에서 밀어 넣는 정보가 아니라 내 머릿속에 새롭게 구축된 지식이 된다. 많이 듣고 많이 보고 많이 배웠다는 사실만으로는 점수가 오르지 않는다.

지식은 '이해-연결-적용-반복'의 순환이 원활하게 이루어질 때 비로소 완성된다.

즉, 진짜 공부는 수업이 끝난 뒤부터 시작된다. 하루 24시간, 일주일 168시간. 모두 똑같이 받지만, 휴식·이동·수업·자습의 균형을 어떻게 설계하느냐에 따라 누군가는 실력이 쌓이고, 누군가는 제자리걸음을 반복한다.

이 장에서는 바로 그 차이를 만드는 전략을 이야기한다. 누구나 할 수 있지만, 누구나 지속하지는 못했던 것. 자기주도학습을 통해 학교와 학원을 넘어 지식을 내 것으로 만드는 방법을 지금부터 실전에 맞춰 함께 만들어 갈 것이다.

연간 학습 설계와 실행의 기술[겨울방학 학습 시스템]

① 겨울방학 학습 목표 : 새 학년 내신을 결정하는 선행 + 자기화

현재 교육과정에서 내신 경쟁력은 무엇보다 중요하다. 따라서 겨울방학 학습의 핵심은 멀리 앞서가는 과도한 선행이 아니라, 바로 다음 학년 진도까지 완벽하게 다지는 선행에 있다.

왜 겨울방학이 중요한가? 여름방학은 짧아 2학기 선행을 완성할 시간이 부족하다. 반면, 겨울방학은 기말고사 이후 활용을 잘하면 10주 또는 그 이상 충분한 학습 시간이 보장된다.

그래서 **겨울방학은 다음 학년 1·2학기 핵심 개념을 예습하고 정리할 수 있는 유일한 골든 타임이다.**

② 겨울방학 학습에서 반드시 달성해야 할 3가지

• 다음 학년 선행(예습) 완성

무리하게 고학년 과정을 앞서가는 것이 아니라, 다음 학년 전 범위 개념을 이해하는 것이 목표다. 이를 통해 새 학기 첫 시험을 보다 편안하게 준비할 수 있다.

• 부족 단원 보충(약점 해결)

취약한 단원은 학원에만 의존하지 말고, 집중 자습과 인강 활용으로 완전히 정복해야 한다. 약점 보완은 단순히 점수 하락을 막는 것이 아니라, 학습 자신감을 회복하는 출발점이 된다.

• 배운 내용을 내 것으로 만드는 자기화(복습)

학원 커리큘럼이 선행을 이끌어 준다면, 복습과 정리는 학생 스스로 책임지고 해야 하는 영역이다. 배운 내용을 자기 것으로 만드는 과정이 진짜 실력으로 이어진다.

③ 학습 방식의 균형

영역	역할	결과
학원 수업	방향 제시, 개념 설명, 문제 유형 제공	배움의 시작
자습 + 인강	복습, 이해 심화, 내면화, 응용력 강화	실력 완성

학원 수업은 학습의 출발점으로서 개념을 잡아주고 방향을 제시한다. 자습과 인강은 그 내용을 반복하고 내면화하여 실력을 완성하는 과정이다. 즉, 두 방식이 서로 보완되어야 진짜 실력이 쌓인다.

④ 학습 계획을 세우기 전 체크 사항

항목	질문문항	답변
과목별 학원 스케줄 & 공부 소요 시간	현재 수강 중인 모든 학원 과목을 적어보세요. (없을 수도 있음)	예: 수학, 영어, 국어 등
	교과목별로 학원까지 이동하는 데 걸리는 평균 시간을 적어주세요.	예: 수학 – 20분
	교과목별 수업 시간은 언제인가요?	요일과 시간대 포함: 예- 영어: 화/목 오후 6시~8시
	교과목별 학원 숙제를 하는 데 평균적으로 얼마나 시간이 걸리나요?	예: 영어 – 1시간
과목별 현재 수준 확인 (스스로 평가)	현재 학원 수업을 얼마나 잘 이해하고 따라가고 있나요? 과목별로 퍼센트(%)로 표현해 주세요.	예: 수학 80%, 영어 60% 등
	현재 사용 중인 문제집의 난이도는 본인의 수준에 적절하다고 느끼나요? 과목별로 간단히 평가해 주세요.	예: 국어 – 적절함 / 수학 – 쉬움
과목별 학습 목표 설정 – 학원 수업과 학원 숙제는 누구나 거의 다 한다.	이번 방학 학습 목표는 무엇인가요	내신 중점 , 수능 중점
	이번 학습에서 어떤 방식을 선택하고 싶나요?	예: 학원위주+ 별도 문제집 학원+인강으로 복습+문제집
공부 환경 체크 (집중을 방해하는 것 중심)	공부할 때 스마트폰이나 전자기기를 어떻게 관리하고 있나요?	
	공부하는 정해진 공간이 있나요?	예 : 집의 책상, 도서관, 스터디룸
자습 가능 시간 확보	하루 중 실제로 집중해서 공부할 수 있는 '순수 학습 시간'은 몇 시간 정도인가요?	예: 3시간 등 구체적으로 작성
	자습 시간을 언제, 어디서 확보할 계획인가요?	

⑤ **겨울방학 계획 세우기[실전 예시]**

겨울 방학 학업 계획표

이름	000	기간	12월 22일 ~ 3월 3일
희망 대학 학과		00대학 / 의예과	

과목별 학습계획

과목	학원	인강	교재 및 문제집
국어	당일 복습	00 인강 [22개정] 고1 교과서 통합 〈공통국어〉끝내기! / 85강 [국어] 권00	인강 교재 활용
영어	당일 복습	[괜찮아! 너만 모르는 건 아니야] – 어법편 / 33강 [영어] 조00	인강 교재 활용
수학	당일 복습	현00의 시발점공통수학I (새교육과정의 기본) / 43강 [수학] 현00 현00의 시발점 공통수학I (새교육과정의 기본) / 51강 [수학] 현00	인강 교재 활용
통과	당일 복습	[통합과학1-2] 완자통과 46강 / 44강 [과학] 장0	완자 기출픽1-2
통사		[통합사회1-2] 완자 오브 웅클래스16강 / 16강 [사회] 김00	완자1-2 기출픽1-2
한국사		[한국사1&2] 이00도 확실한 한국사 내신완성(2022개정) [한국사] 이00	인강 교재 활용

모든 과목을 인강으로 학습할 필요는 없다. 개인의 역량과 상황에 따라 필요한 과목만 선택하여 계획을 세울 수 있다.

<h1 align="center">과목별 주요학습 포인트</h1>

과목	주요 학습 포인트
국어	• 국어 과목은 학원에 다니고 있다면 학원 중심으로 학습하고 기본적으로 문법을 시작으로 문학, 비문학까지 들을 수 있는 인강으로 개념 정리를 한 번 하는 것이 좋다. • 학원에 중점을 두고 복습 위주의 학습을 한다면 인강을 안 들어도 된다. • 그러나 최소 고등 문법과 고전문학 파트는 정리하는 것을 추천한다.
영어	• 영어도 마찬가지로 학원 중심의 학습과 복습을 철저히 하고 부족한 부분만 인강으로 보강하는 것을 추천한다. • 기본적으로 고등 문법을 공부하되, 고등 문법이 어려우면 중등 문법 개념을 인강으로 탄탄히 하고 고등 문법으로 넘어가야 한다. • 영어 기본기가 탄탄한 학생은 부족한 파트 부분에 인강을 활용하고 학교가 정해지면 교과서를 해독하는 것도 좋은 예습 방법이다.
수학	• 학원 중심의 학습을 추천하며 꼭 복습으로 자기화하는 것이 중요하다. • 인강 또한 복습의 의미로 다시 듣고 문제를 풀어보는 것이다. • 시간이 부족하여 인강을 들을 수 없다면 자신의 수준에 맞는 문제집을 푸는 것도 추천한다. • 수학 문제는 쉬운 문제를 정확히 빨리 푸는 연습도 필요하고 변별력 있는 문제와 서술형 문제를 정확히 푸는 훈련도 필요하다. • 학교 수학 시험 시간은 50분이며 학교마다 다르지만 20~25문제까지 출제된다. 어렵지 않은 문제를 정확히 빨리 풀고 변별력 있는 문제에 시간을 사용해야 한다.
공통 과학	• 과학은 2학년 선행 학습보다 1학년 통합과학을 먼저 탄탄히 다져 두는 것이 필요하다. • 통합과학은 수능 출제 범위에 포함되므로 반드시 노트 필기를 해 두어야 하며, 이는 수능 준비에 직접적으로 활용된다. • 학원을 다니더라도 스스로 개념을 정리하고 문제집을 한 권 끝까지 풀어보는 것을 권장한다. • 학원 수업과 숙제, 복습, 문제집 학습을 병행하거나 여건상 부담이 된다면, 문제집 학습은 생략해도 충분하다.
통합 사회	• 통합 사회는 학원에 다니지 않아도 되지만, 반드시 인강을 통해 개념을 정리한 후 문제집을 풀어야 한다. • 수능 범위에 포함되기 때문에 노트 필기는 필수이다.
한국사	• 내신 한국사는 수능 한국사와 달리 세부적인 부분까지 출제되기 때문에 쉽게 생각하면 성적을 얻기 어렵다. • 수능 한국사보다 내신 한국사가 더 까다롭고 어렵게 느껴질 수 있다. • 따라서 최소한 개념 정리를 반드시 해야 하며, 인강으로 개념을 정리한 뒤 문제집을 풀면 효과적이다.

⑥ 학습기록표 (Study Record Table) 및 체크리스트 [실전예시 : 통합과학]

과목별로 주 단위 학습 **계획량을 설정하고 세부 계획을 수립**한다. 인강을 들었을 경우에는 **언제, 얼마나 들었는지를 빨간색 숫자로 기록**한다. 문제를 풀었을 경우에는 **언제, 몇 문제를 풀었고 몇 개를 틀렸는지를 파란색 숫자로 기록**한다. 1주일 동안 풀었던 문제량과 오답 수를 확인하여 추후 **학습 데이터로 활용**한다.

> - 목표는 최선을 다해 1학년 개념을 정리하는 것
> - 의대 진학을 희망하는 학생
> - 고1 내신 획득 중심의 학업 계획
> - 학원 수업을 기본으로 하고 복습 철저히
> - 인강으로 보강하는 형태의 학습 계획

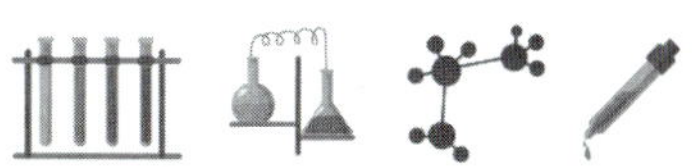

과목 : [통합과학1-2] 완자통과 – 46강 / 44강 [과학] 장0

날짜 (종료일)	1주간 수강할 인강 노트정리 필수	월	화	수	목	금	토	일	오답 수
예시	학습계획	실제 학습 문제 풀이	실제 학습 문제 풀이	실제 학습 문제 풀이	실제 학습 문제 풀이	실제 학습 문제 풀이	실제 학습 문제 풀이	실제 학습 문제 풀이	문제 풀이 오답 수
~ 12/28	과학1 – 1 2 3 4 5 6 7 8	1	2	3 , 4 29／2	5	6	7 , 8 33／2		61/4
~ 1/11	17 18 19 20 21 22 23 24 25								/
~ 2/22	24 25 26 27 28 29 30 31 32								/
~ 3/1	33 34 35 36 37 38 39 40 41								/
~ 3/3	42 43 44								/

모든 과목을 인강으로 학습할 필요는 없다. 개인의 역량과 상황에 따라 필요한 과목만 선택하여 계획을 세울 수 있다.

선행 학습을 거의 하지 못한 상태에서 고등학교 진학을 앞두고 있습니다. 이제야 아이가 마음을 다잡고 공부를 시작하려고 합니다. 이런 상황에서 학부모로서 어떤 기준으로, 무엇부터 준비시키는 것이 가장 현실적이고 효과적일까요?

🔒 먼저 아이의 현재 수준을 객관적으로 파악하는 것이 가장 중요합니다.

선행이 부족한 상태라면 "무엇을 얼마나 해야 하는가?"를 정하기에 앞서, "지금 어디에 서 있는가?"를 확인하는 것이 우선이다. 이를 위해 **가장 현실적인 방법은 작년 고1 학년 3월 모의고사 문제를 실제 시험 시간에 맞춰 풀어보는 것**이다. 시간을 재지 않고 풀 경우, 이는 실력이 아니라 '참고서 실력'을 확인하는 데 그치게 되므로, 반드시 실전과 동일하게 시간을 적용해 풀어야 한다.

고1학년 3월 모의고사는 보통 국어, 수학, 영어, 통합사회, 통합과학, 한국사로 구성된다. 이 시험은 고등학교 입학 직후 시행되며, 중학교 3학년 전 과정이 반영되어 출제되는 평가이다. 따라서 단순한 성취도 점검을 넘어, 학생이 중등 학습을 얼마나 이해하고 활용할 수 있는지, 문제를 읽고 해석하며 시간 안에 처리하는 기본적인 학습 역량을 종합적으로 판단하는 도구로 활용할 수 있다. 선행이 거의 없는 학생의 현재 학습 위치와 준비 정도를 객관적으로 점검하기에 가장 적합한 자료이다.

시험 시간 역시 실제와 동일하게 적용하는 것이 중요하다. 국어는 약 80분, 수학은 약 100분, 영어는 약 70분, 통합사회와 통합과학은 각각 40분 내외, 한국사는 약 30분 정도로 진행된다. 이러한 조건에서 문제를 풀어보면 개념 이해 수준뿐 아니라 시간 관리 능력과 문제 처리 속도까지 함께 확인할 수 있다.

이 결과를 바탕으로

어느 과목이 가장 취약한지, 개념 부족이 문제인지 시간 압박이 문제인지, 중학교 내용부터 다시 정리해야 하는지 혹은 고1 개념부터 시작해도 되는지를 구체적으로 판단할 수 있다. 이러한 기준이 마련되어야 선행, 복습, 인강 활용, 학원 선택과 같은 학습 계획이 비로소 의미를 갖게 된다. **준비의 첫 단계는 더 앞서 나가는 것이 아니라, 지금 아이의 위치를 정확히 확인하는 것**에서 시작해야 한다.

🔒 고1. 3월 모의고사 결과에 따른 과목별 맞춤 학습 방향

고1, 3월 모의고사 성적대별 학습 기준 요약표

과목	성적대	평가	학습방향
국어	90점 이상	고1 초반 학습에 큰 무리 없음	독해·문학·문법 균형 유지
	70~80점대	시간 부족 또는 독해력 약함	매일 독서 지문 2~3개 훈련
	60점 이하	기초 부족	중등~고1 기초개념 정리 필요
	• 독서: 주 4회 이상, 하루 3지문 이상 • 문법: 기초→심화 교재 최소 2~3권 • 문학: 고전 중심 + 현대문학 배경지식 보완		
영어	60점 이상	기본기 갖춤	고1 기본과정 진입 가능
	40~50점대	단어·구문 부족	기초 재정비 필요
	40점 미만	기초 부족	중등 과정부터 재정비 필요
	• 단어: 중등, 고등 필수 단어 암기(학습 비중의 60~70%) • 구문: 천일문 베이직 등으로 구조 독해 훈련 이후 유형별 문제 풀이로 전환		
수학	70점 이상	선행 학습 경험 있음	고1 진도, 선행 유지 가능
	40~60점대	중등 개념 일부 부족	중3 학년 1학기 우선 복습
	40점 미만	기초 부족	중등 기초부터 재정비 필요
	• 공통수학1 어렵다면? ⇒ 중등 3-1 복습 　▶ 고1: 중3 1학기 개념(실수, 제곱근, 다항식, 인수분해 등)을 토대로 전개 • 공통수학2 도형 어렵다면? ⇒ 중등 3-2 복습 　▶ 중등 3-2에서의 삼각비, 닮음, 피타고라스 정리, 원의 성질 등 도형의 핵심 개념 　　고등 과정의 도형 단원 난도가 높음 • 중등 과정이 완벽하지 않아도 핵심 개념을 중심으로 복습하면 고등 과정 진입 가능		

예비 고1은 내신·모의고사 대비의 핵심 과목인 국·수·영을 우선으로 학습해야 한다. 다만 탐구 과목도 고1부터 내신에 포함되므로 최소한의 기초 학습은 필요하다.

결국 학생의 목표와 상황에 맞게 준비 방향을 조정해야 하며, 고등학교에서 흔들리지 않으려면, 중학교 때의 기초 학습을 끝까지 충실히 해야 한다.

연간 학습 설계와 실행의 기술[여름방학 학습 시스템]

① 여름방학 학습 목표: 2학기 선행 복습 + 부족 부분 보완

여름방학은 기간이 짧기 때문에 본격적인 선행 학습을 진행하기에는 한계가 있다. 하지만 겨울 프로그램을 완주한 상태라면, 겨울방학 동안 학습했던 내용을 반복하고 자기화하는 데 집중하면 된다. 부족한 부분은 보완 학습을 통해 채우면 되고, 이미 한 번 학습한 내용을 다시 보는 것이므로 자기화가 더욱 탄탄해질 수 있다.

② 학습 계획을 세우기 전 체크 사항 * 겨울방학 프로그램과 동일

1학기 성적을 기준으로 부족한 부분은 방학 동안 집중적으로 보강한다. 여름방학은 짧으므로 무리하지 않고 실천할 수 있는 범위에서 계획을 세운다.

③ 과목선정

1학기 경험을 바탕으로 집중할 과목을 선정하는 것이 좋다. 한국사는 겨울방학에 선행했고, 학교 수업과 복습만으로 원하는 성적을 얻을 수 있다고 판단되면 여름방학에는 추가 학습하지 않아도 된다. 국어와 영어는 교과서 출판사 비중을 고려하여 교과서 중심으로 선행하는 것을 추천한다.

여름 방학 학업 계획표 (고1)

이름	000	기간	7월 13 ~ 8월 18일
	희망 대학 학과		00대학 / 의예과

과목별 학습계획

과목	학습(학원)	학습(인강)	확인(문제집)
국어	당일 복습	[공통국어2 미래엔] 열정국어1등급 내신 대비 [국어] 권00	평가문제집 풀기
영어	당일 복습	[공통영어2 능률(민)] 교과서 핵심 콕! [영어] 김00	평가문제집 풀기
수학	당일 복습	고00 문제집	
통과	당일 복습	[통합과학2] 완자 통과 - 44강 [과학] 장0	기출픽-2
통사		통합사회 2 완자 오브 웅클래스16강 [사회] 김00	기출픽- 2

연간 학습 설계와 실행의 기술[학기 중 학습 루틴]
- 학기 중 학습 목표와 방향 그리고 그 의미

① 배운 것을 '성적'으로 바꾸는 시간

학기 중 학습의 목표는 단 하나다. **배우는 것을 '내 것'으로 만드는 것.** 많은 학생이 학기 중에 가장 많이 하는 착각은 수업을 이해하는 것만으로 학습이 완성된다고 착각하기 쉽다. 하지만 학교 수업은 개념을 '소개'하는 과정일 뿐, 이를 실력으로 만드는 과정은 그 이후에 이루어진다.

수업은 정보를 '입력'하는 과정이고, 성적은 그 정보를 어떻게 정리하고 반복했는지에 따라 결정된다. 학기 중 공부의 본질은 새로운 내용을 빠르게 많이 배우는 데 있지 않다. 이미 배운 내용을 잊지 않게 붙잡고, 시험 문제로 바뀌었을 때 꺼내 쓸 수 있게 만드는 것이다.

② 왜 학기 중에는 '학교 수업 중심'이어야 하는가

현재 교육과정에서 **내신 시험을 출제하는 사람은** 학원도 인강강사도 아닌 **담당 교사다.** 같은 교과서, 같은 단원이라 하더라도 학교와 교사에 따라 강조하는 개념, 사용하는 표현, 문제의 난이도와 형식은 분명하게 달라진다. 그래서 학기 중 학습의 기준점은 반드시 학교 수업이 되어야 한다.

오늘 수업에서 무엇을 배웠는지, 선생님이 반복해서 강조한 개념은 무엇인지, 판서·프린트·보충 설명 중 시험으로 연결될 가능성이 높은 내용은 어디인지를 기준으로 학습을 정리해야 하며, 이 기준이 잡히지 않으면 아무리 많은 문제를 풀고, 아무리 앞선 진도를 나가도 시험과는 어긋난 공부가 되기 쉽다. 그렇다고 해서 학원이나 인강이 필요 없다는 뜻은 아니다. 학원과 인강은 학교 수업을 대신하는 수단이 아니라 학교 수업을 더 탄탄하게 만들기 위한 보조 도구다. 이해가 부족한 개념을 다시 설명해 주고, 다양한 문제를 통해 적용 연습을 돕는 역할을 한다.

중요한 것은 순서다. **학교 수업이 기준이 되고, 그 기준 위에서 학원과 인강이 확장되는 구조일 때 학습은 내신과 정확히 맞물린다.** 학기 중 공부의 핵심은 '얼마나 많이 배웠는가?'가 아니라 학교 수업에서 배운 내용을 얼마나 정확히 내 것으로 만들었는가에 있다. 이 원칙이 지켜질 때, 학원과 인강은 비로소 가장 강력한 도구가 된다.

③ **학기 중 학습의 핵심 방향**

학기 중 공부는 무작정 시간을 늘리는 문제가 아니라, 어떤 종류의 공부를 어떻게 배치하느냐의 문제다. 학생의 학기 중 학습은 크게 다섯 가지로 나뉜다. 학교 수업, 학원 수업, 학교 숙제(과제·수행평가), 학원 숙제, 그리고 복습·자습 중심의 자기주도 학습이다.

이 다섯 가지는 모두 필요하지만, 역할과 비중은 분명히 달라야 한다. 학기 중 학습은 이 구조를 정확히 이해하는 것에서 시작된다.

• **학교 수업은 학습의 '기준점'이다.**

학교 수업은 내신 시험의 출발점이다. 시험은 학원이나 인강이 아니라 담당 교사가 출제하며, 수업에서 강조한 개념과 표현, 판서와 자료가 문제로 이어진다. 그래서 학기 중 학습은 반드시 학교 수업을 기준으로 정렬되어야 한다. 학기 중 공부는 새로운 내용을 더 많이 배우는 것이 아니라, 학교 수업에서 배운 내용을 중심으로 겨울방학에 들었던 인강과 학원 선행 개념을 다시 불러와 하나의 개념으로 묶는 과정이다. 이렇게 연결된 정리는 선행 지식을 '아는 상태'에서 시험에 쓰이는 '내 실력'으로 바꾸는 역할을 한다. 학교 수업이 기준이 될 때, 인강과 학원은 비로소 학습을 탄탄하게 만드는 도구가 된다.

• **학원 수업은 '보조 설명'의 역할이다.**

학원 수업은 개념을 정리해 주고 문제 유형을 익히는 데 강점이 있다. 하지만 학기 중에는 학교 수업을 대신하는 중심이 될 수는 없다. 학교 수업에서 배운 내용을 이해하는 데 도움을 주고, 부족한 부분을 보완하는 도구로 활용할 때 학원 수업의 효과는 가장 크다. 학기 중에는 학원 수업을 효율적으로 최소화하는 것도 좋은 방법이다.

• **학교 수행평가는 '평가 준비'의 영역이다.**

학교 수행평가는 단순히 제출 여부를 확인하는 과제가 아니다. 이는 내신 점수와 직접 연결될 뿐 아니라, 학생부에 기록되어 학습 태도와 사고 과정까지 평가되는 영역이다.

수업 속에서 어떤 과제를 어떻게 수행했는지는 학생부를 통해 남고, 그 기록은 곧 면접에서 질문의 근거가 된다. 면접에서는 "이 활동을 왜 했는가?", "이 과제를 하며 무엇을 고민했는가?", "배운 점을 이후 학습이나 진로에 어떻게 연결했는가?" 등을 묻는다. 즉 수행평가는 평가로 끝나는 활동이 아니라, 말로 설명해야 할 경험이 된다. 따라서 학교 수행평가는 '해야 하는 일'이 아니라 학생부를 채우는 학습 기록으로 접근해 면접까지 연계되는 학습이어야 한다.

• 학원 숙제는 '훈련'이지 목표가 아니다.

학원 숙제는 문제 풀이 훈련을 위한 수단이다. 그러나 숙제를 많이 했다고 해서 성적이 자동으로 오르는 것은 아니다. 성적 향상의 핵심은 틀린 문제를 어떻게 정리했는지, 그리고 그 문제가 시험에서 어떤 방식으로 변형될 수 있는지를 고민하는 데 있다.

• 복습·자습 중심 학습이 실력을 완성한다.

학기 중 가장 중요한 공부는 따로 시간을 만들어서 하는 복습 위주의 자습이다. 이 시간은 학교 수업과 학원 수업에서 배운 내용을 다시 붙잡고, 정리하고, 연결하는 과정이다. 이해가 애매했던 개념을 분명히 하고, 틀린 문제의 이유를 찾아내며, 시험에 나올 수 있는 형태로 정리하는 시간이다.

성적을 결정짓는 힘은 이 복습 중심 자습에서 나온다. 결과적으로 공부를 잘한다는 것은 배우면 내 것으로 만드는 시간을 가져야 한다는 것이다.

④ 학습 계획 세우기 [실전 예시]

학기 중 주간 학습 계획 세우기 (기본 개념)

- 이미 학원에서 선행 학습을 진행했고, 겨울방학 동안 인강을 활용해 과목별 핵심 개념을 스스로 정리했다.
- 이를 바탕으로 개학 후에는 학교 수업에 집중하고, 수업에서 나간 진도만큼 당일 복습을 진행한다.
- 당일 복습 시간은 과목별 진도에 따라 조정하되, 과목당 20분 이내의 짧고 집중된 복습을 원칙으로 한다.

- 부득이하게 당일 복습이 어려운 경우에도 3일 이내에는 반드시 복습하여 이해의 공백이 누적되지 않도록 한다.
- 주말에는 한 주 동안 배운 전체 진도를 기준으로 문제집을 풀어 보고, 틀린 문제를 중심으로 오답 정리를 진행한다.

계획은 학습의 방향을 잡아주는 지도일 뿐, 언제나 100% 실천되지는 않는다. 그러나 최소한 1주일 단위의 계획만큼은 끝까지 지키려는 노력이 필요하다. 그래야 계획이 단순한 글자가 아니라 실제 습관으로 자리 잡는다.

책에 제시된 계획표를 중학생에게 그대로 적용하기는 어렵지만, **배운 것을 자기 것으로 만든다는 원칙과 학원 숙제를 효율적으로 활용**한다는 구조는 충분히 활용할 수 있다. 다만 분량과 속도를 학생 수준에 맞게 줄이고 단순화하면 된다.

또한 중학생은 학습 계획에 독서 시간을 포함하는 것이 좋다. 독서는 사고력과 문해력을 키우는 기본 훈련이기 때문이다. 고등학생 역시 자투리 시간을 활용해 독서하면 사고의 깊이가 더해지고, 말하기·글쓰기·면접 역량까지 함께 성장할 수 있다.

결국 중요한 것은 **완벽한 계획이 아니라, 자기 수준에 맞게 조정하며 끝까지 실천해 보는 경험**이다. 그 경험이 쌓일수록 학생은 자신에게 맞는 공부 방식을 스스로 만들어 갈 수 있다.

• 실제 고등학생 학습 계획 / 의대 4곳 합격생 (내신 중심 학습)

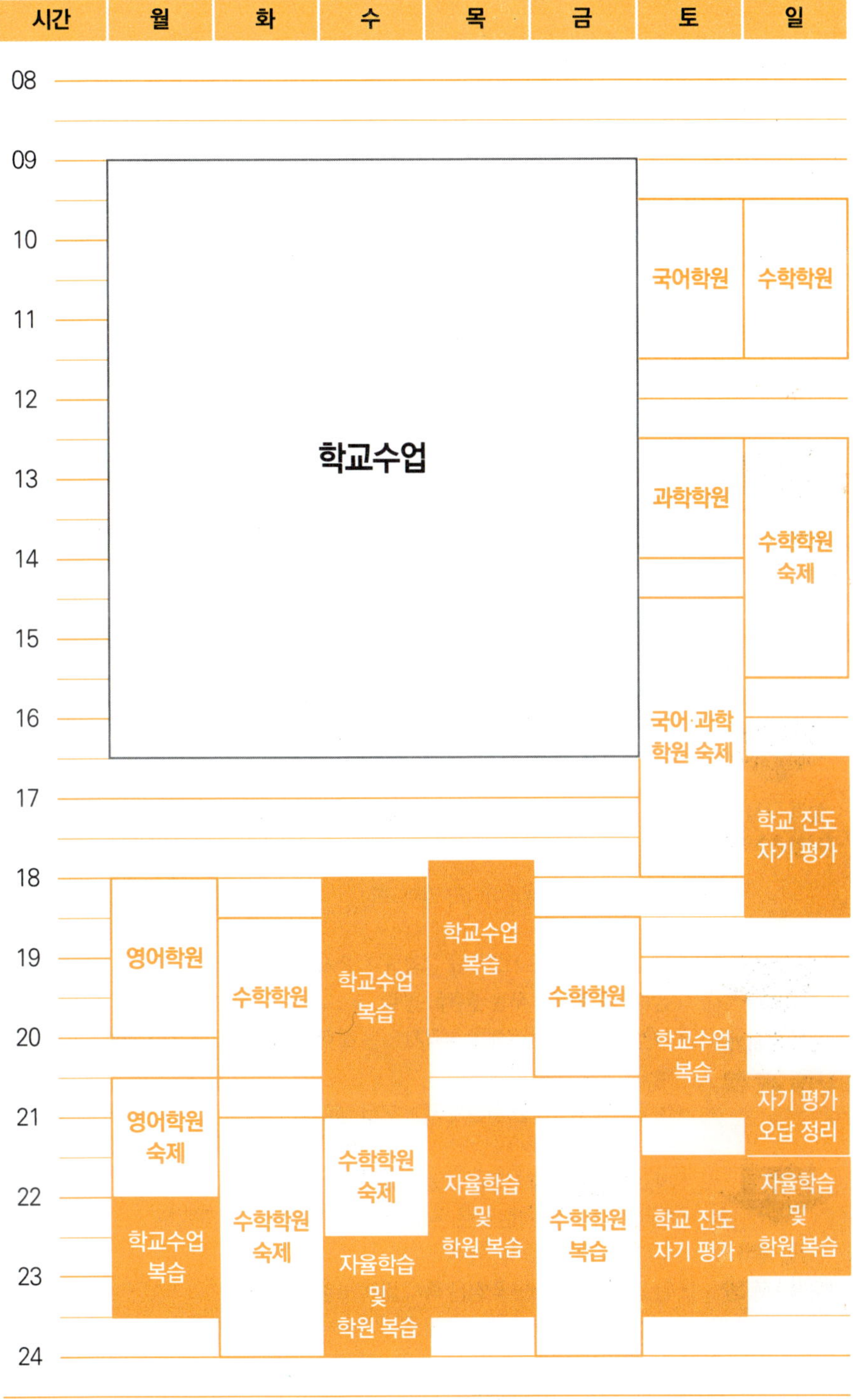

시험 계획 세우기

시험 대비는 최소 4주 전부터 시작하되, 방학 동안 개념 정리를 마치고 학원 수업과 학교 수업, 당일 복습까지 충실히 해두었다는 전제를 바탕으로 설계한다. 이 단계의 핵심은 새로운 내용을 배우는 것이 아니라, 이미 정리된 개념을 다시 꺼내 기억을 되살리고 이를 시험 형태의 문제에 적용하는 것이다. 따라서 시험 계획은 개념 재학습이 아닌 실전 문제 풀이와 오답 정리를 중심으로 구성하며, 반복을 통해 실수 유형을 줄이고 시험 감각을 완성하는 데 초점을 둔다. 다음은 시험 계획 세우기를 실제 적용이 가능하도록 단계별로 정리한 내용이다.

시험 계획 세우기 — 단계별 실행 구조

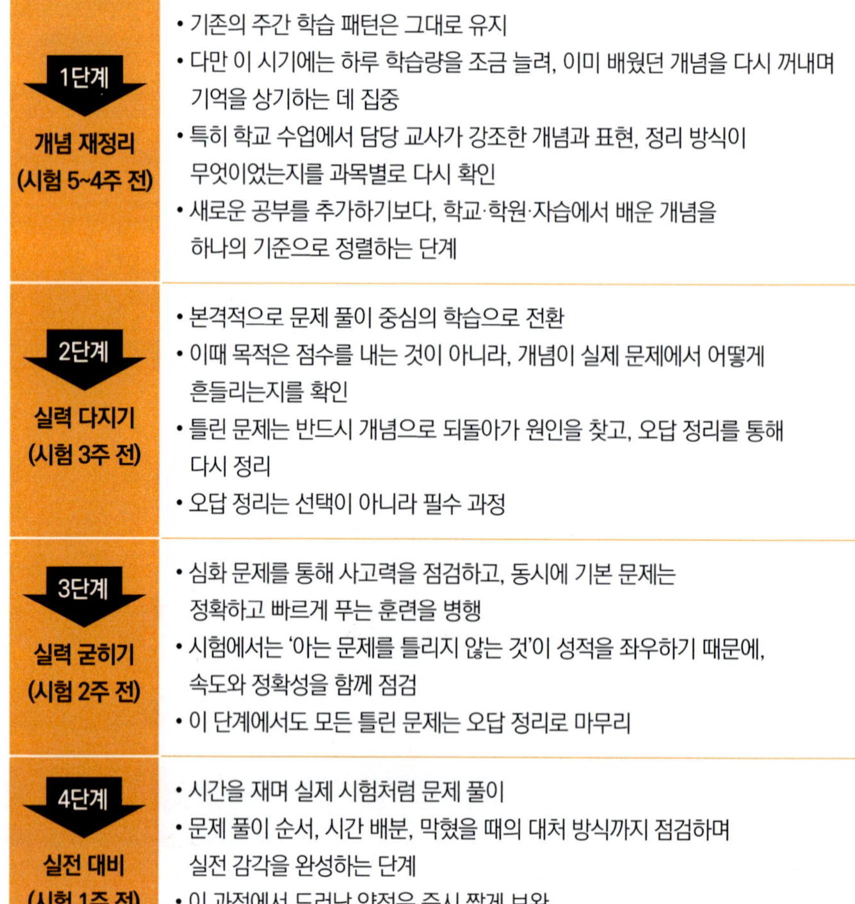

1단계 — 개념 재정리 (시험 5~4주 전)
- 기존의 주간 학습 패턴은 그대로 유지
- 다만 이 시기에는 하루 학습량을 조금 늘려, 이미 배웠던 개념을 다시 꺼내며 기억을 상기하는 데 집중
- 특히 학교 수업에서 담당 교사가 강조한 개념과 표현, 정리 방식이 무엇이었는지를 과목별로 다시 확인
- 새로운 공부를 추가하기보다, 학교·학원·자습에서 배운 개념을 하나의 기준으로 정렬하는 단계

2단계 — 실력 다지기 (시험 3주 전)
- 본격적으로 문제 풀이 중심의 학습으로 전환
- 이때 목적은 점수를 내는 것이 아니라, 개념이 실제 문제에서 어떻게 흔들리는지를 확인
- 틀린 문제는 반드시 개념으로 되돌아가 원인을 찾고, 오답 정리를 통해 다시 정리
- 오답 정리는 선택이 아니라 필수 과정

3단계 — 실력 굳히기 (시험 2주 전)
- 심화 문제를 통해 사고력을 점검하고, 동시에 기본 문제는 정확하고 빠르게 푸는 훈련을 병행
- 시험에서는 '아는 문제를 틀리지 않는 것'이 성적을 좌우하기 때문에, 속도와 정확성을 함께 점검
- 이 단계에서도 모든 틀린 문제는 오답 정리로 마무리

4단계 — 실전 대비 (시험 1주 전)
- 시간을 재며 실제 시험처럼 문제 풀이
- 문제 풀이 순서, 시간 배분, 막혔을 때의 대처 방식까지 점검하며 실전 감각을 완성하는 단계
- 이 과정에서 드러난 약점은 즉시 짧게 보완

- 시험 전날에는 새로운 문제를 풀지 않기
- 과목별로 정리한 핵심 개념, 오답 노트, 선생님이 강조한 포인트를 중심으로 최종 확인
- 이 단계의 목표는 '새로 알기'가 아니라 '흔들리지 않기'

① 시험 준비 시 꼭 피해야 할 행동 3가지

• 어려운 문제만 고집하는 공부

시험 직전에 어려운 문제만 계속 푸는 것은 실력 향상보다 불안만 키운다. 시험 점수를 결정하는 것은 고난도 문제 몇 개가 아니라, 기본 문제를 정확히 맞히는 힘이다. 어려운 문제는 점검용으로 활용하되, 시험 대비의 중심은 기본 개념과 자주 출제되는 유형이어야 한다.

• 눈으로만 '푼 것 같은' 공부

문제를 보고 고개를 끄덕이며 "알겠다"라고 넘기는 공부는 가장 위험하다. 특히 서술형 문제는 반드시 문장을 완성해 직접 써 보며 풀어야 한다. 머릿속 이해와 실제 답안 작성 사이에는 큰 차이가 있으며, 써 보지 않은 답은 시험장에서 나오지 않는다.

• 잠을 줄이고 밤을 새우는 공부

수면을 포기한 공부는 기억을 늘리기보다 오히려 무너뜨린다. 잠을 자는 동안 뇌는 배운 내용을 정리해 장기 기억으로 옮긴다. 시험 직전의 밤샘은 집중력·판단력·속도를 모두 떨어뜨리는 최악의 선택이다.

② **시험 후 자기 성찰의 시간 — 성적을 다음 성장으로 바꾸는 과정**

시험이 끝났다고 해서 공부가 끝난 것은 아니다. 시험 직후는 결과를 가장 객관적으로 돌아볼 수 있는 유일한 시기이며, 이때의 점검이 다음 시험의 방향을 결정한다. 시험 후에는 반드시 평소 공부 방식과 시험 준비 과정 전반을 되짚는 자기 성찰 시간을 가져야 한다.

• 학원 학습의 효과 점검이다.

학원에서 풀었던 프린트, 문제집, 교재가 이번 시험의 실제 점수에 어떤 영향을 주었는지를 돌아본다. 시험에 유사하게 출제된 문제가 있었는지, 도움이 되었던 부분과 그렇지 않았던 부분은 무엇이었는지를 구체적으로 정리해야 한다.

• 평소 공부 방법에 대한 평가다.

내가 유지해 온 학습 루틴과 문제 풀이 방식이 성적에 긍정적으로 작용했는지 점검한다. 자주 틀린 유형은 무엇이었는지, 개념 이해 부족인지, 실수인지, 시간 관리 문제였는지를 구분해 보는 것이 중요하다.

• 다음 시험 목표 설정이다.

막연한 다짐이 아니라, 과목별로 구체적인 목표 점수 또는 등급을 설정한다. 이번 시험 결과를 기준으로 현실적인 목표를 세우는 것이 다음 계획의 출발점이 된다.

• 보완해야 할 점 정리다.

이번 시험에서 아쉬웠던 점, 부족했다고 느낀 부분을 과목별로 정리한다. 개념 보완이 필요한지, 문제 풀이 연습이 부족했는지, 혹은 공부량·공부 방식·시험 전략 중 무엇이 문제였는지를 명확히 적어보아야 한다.

[실전 예시] – 자기만의 스타일은 존중하되, 원칙은 지켜야 한다

공부에는 분명 개인차가 있다. 누군가는 인강 중심이 잘 맞고, 누군가는 문제 풀이가 효과적일 수 있다. 그래서 어떤 한 가지 방법이 모두에게 정답일 수는 없다.

다만 한 가지는 분명하다. 어떤 스타일이든 배운 내용을 반복해서 문제로 적용해보지 않으면 실력은 완성되지 않는다. 읽고 이해했다고 생각한 개념도 문제 앞에 서면 금세 흔들린다. 그 간극을 메우는 과정이 바로 반복적인 문제 풀이이며, 이 과정 없이 성적은 안정되지 않는다. 결국 공부법은 달라도 '반복해서 풀어본다'라는 최소한의 원칙만큼은 예외가 없다.

기존 복습 계속	월	화	수	목	금	토	일
	개념 재정리 완성						
	개념 재정리 완성				실력 다지기		
	실력 다지기 (문제풀이 중심 –1)						
	실력 굳히기(문제풀이)				실전 대비		
	국어 기술가정	영어 한국사	수학	통과 통사			
	시험 전 최종 점검						

[시험 후 자기 성찰 예시]

과목		문제집 및 개념서		느낀 점 및 개선점
획득	목표	학원	개인	
국어		학교 기출+ 각종 족보 자습서, 평문, 출판사 문제집	**자습서, 교과서, 필기 노트 중심 복습 2개년 모의고사**	• 교과서 꼼꼼히 보기 • 서술형 다 써보기 • 국어 선생님 많으니 다른 반과 정보 교환
95	100			
영어		학원 영어 교재 모의고사	**학교 수업 반복 복습 EBS 모의고사 영상**	• 모의 고사 좀 더 풀어 보기
100	유지			
수학		학교 기출 고쟁이 + 일등급	**마더텅, 쎈 고쟁이+일등급 복습**	• 정확히 빨리 푸는 연습 필요 (틈틈이) • 아주 쉬운 문제 실수로 틀림 • 시간 분배 신경쓰기
98	98			
통과		질문 답해주기	**학교복습철저 방학중정리한인강복습 오투복습, 올킬문제집 일등급만들기, 자이스토리 자습서, 평가문제집 기출픽오답만다시체크**	• 문제 잘 읽어 보기 • 계속 유지
100	유지			
통사			**학교복습철저 교과서중심자습서 평가문제집 일등급만들기복습 개념및문제풀이인강 모의고사2개년, 학교기출 기출필오답만**	• 학교 기출 풀어 보는 것이 중요 • 담당 선생님께 모르는 것 물어 보면 많이 도움 됨. 시험에 다수 출제됨
100	유지			
한국사			**자습서평가문제집 일등급만들기복습 인강다시듣기 기출문제자이스토리**	• 교과서 꼼꼼히 읽기 • 연대표 만들어 보기 • 문제 풀 때 흥분하지 말기
95	100			

흔들림 방지 장치 만들기 – 유지를 위한 학습 체크리스트

계획을 세우는 일보다 더 중요한 것은 그 계획이 실제로 지켜지고 있는지를 점검하는 일이다. 많은 학생이 계획표는 정성껏 만든다. 하지만 시간이 지나면 흐려지고, "바쁘다", "오늘은 컨디션이 안 좋다" 등 여러 이유로 조금씩 무너진다.

이렇게 공부가 흔들리는 순간은 대부분 의지가 약해서가 아니라 점검 장치가 없어서다. 그래서 이 장의 목적은 새로운 계획을 세우는 것이 아니다. 이미 앞 장에서 만든 학습 구조가 실제 생활 속에서 얼마나 작동하고 있는지를 확인하는 것이다.

공부는 '잘하려는 마음'보다 지속할 수 있는 시스템이 더 중요하다.

학습 유지 체크리스트 (주 1회 점검 권장)

이 체크리스트는 내가 무엇을, 어떻게, 그리고 얼마나 실천하고 있는지를 스스로 점검하게 해 주는 도구다.

아래 문항에 Yes, No로 표시한다. 점수를 매기는 것보다 솔직하게 답하는 것이 가장 중요하다.

No	질문문항	Yes	No
1	학교 수업 내용을 기준으로 복습하고 있다		
2	학교 수업은 당일 또는 3일 이내에 반드시 복습했다		
3	학원 숙제는 수업 당일에 처리하려고 노력했다		
4	숙제하며 "왜 이 개념을 쓰는지"를 생각했다		
5	숙제를 제출용이 아니라 복습으로 활용했다		
6	주말마다 1주 진도만큼 문제를 풀어 봤다		
7	틀린 문제는 정답 확인에서 끝내지 않았다		
8	오답의 원인을 개념 부족/ 실수/ 사고 오류로 구분했다		
9	인강은 학교 수업을 보완하는 용도로 사용한다		
10	충분한 수면 시간을 지키고 있다		

[체크리스트 활용 원칙]

이 체크리스트의 목적은 반성이 아니라 <u>조정</u>이다.

체크 결과가 좋지 않아도 괜찮다.

공부를 오래 하는 학생은 완벽한 계획을 가진 학생이 아니라, 계속 점검하며 방향을 바로잡는 학생이다.

- 가장 자주 무너지는 부분은 어디인가?
- 계획이 과한가?
- 점검이 부족한가?
- 하나만 고친다면 무엇을 선택할 것인가?

연간학습 설계와 실행

요약정리 Summary

방학		1학기					방학	2학기

12월	1월	2월	3월	4월	5월	6월	7월	8월	9월

학습 유지 체크리스트를 활용한 지속할 수 있는 시스템 만들기

① 겨울방학 학습 시스템

겨울방학 학습 목표 : 새 학년 내신을 결정하는 선행 + 자기화
- 전 학년 선행(예습) 완성
- 부족 단원 보충(약점 해결)
- 배운 내용을 내 것으로 만드는 자기화(복습) 학습 계획과 실행의 단계

학습 계획을 세우기 전 기본 사항 체크
- 체크사항을 바탕으로 겨울방학 계획 세우기
- 학습의 과정 기록 (Study Record)-학습데이터 기록
  - 중3의 경우 고1, 3월 모의고사로 위치 점검 후 학습 방향 설정

② 여름방학 학습 시스템

여름방학 학습 목표:
2학기 선행 복습 + 부족 부분 보완
- 실행 가능한 계획 수립
- 집중할 과목의 선정

③ 학기 중 학습루틴

배운 것을 성적으로 바꾸는 시간
- 학교 수업 중심
- 학기 중 주간 학습 계획-내신 중심
- 복습·자습 중심 학습이 실력을 완성

④ 시험 계획

실전 문제 풀이와 오답 정리 중심
시험 감각의 완성
- 4주 전 시험 계획 수립
  - 개념 재정리 (시험 5~4주 전)
  - 실력 다지기(시험 3주 전)
  - 실력 굳히기 (시험 2주 전)
  - 실전 대비 (시험 1주 전)
  - 시험 전 최종 점검
- 시험 후 자기성찰: 성적을 다음 성장으로 바꾸는 과정

이 책은 더 열심히 공부하라는 이야기가 아니다. 더 많은 문제를 풀라는 조언도 아니다. 공부가 왜 흔들리는지, 그리고 어떻게 하면 그 흔들림을 구조로 붙잡을 수 있는지를 이야기해 왔다. 공부는 생각보다 단순한 원리 위에 서 있다. 배운 것을 바로 정리하고, 스스로 다시 꺼내 보고, 시간을 두고 반복하며, 시험으로 점검하고, 다시 돌아보는 흐름이다. 이 흐름이 이어질 때 공부는 쌓이고, 성적은 따라온다. 중요한 것은 방법의 화려함이 아니라 지속 가능한 구조다.

누군가는 인강으로, 누군가는 학원으로, 또 누군가는 문제집으로 공부한다. 방식은 달라도, 잘되는 공부에는 공통점이 있다. 배운 것을 내 것으로 만들고, 그 과정을 꾸준히 반복한다는 점이다. 이 책에서 제시한 방법이 유일한 정답은 아니다. 하지만 적어도, "왜 이렇게 공부하고 있는가?"를 스스로 점검할 수 있는 기준은 되어 줄 것이다.

공부를 감각이나 기분이 아니라, 구조와 흐름으로 바라보게 만드는 것. 그것이 이 책의 역할이다. 공부는 단기간에 완성되지 않는다. 그러나 구조를 갖춘 공부는 반드시 방향을 가진다. 오늘의 작은 정리가 내일의 여유가 되고, 이번 시험의 성찰이 다음 성장을 만든다.

공부는 재능이 아니라 구조다.
그리고 그 구조는 지금, 이 순간부터 충분히 만들어 갈 수 있다.

학부모님들이 자주 하시는 질문과 그에 대한 답변을 정리한 자료입니다. 학생들의 학습 방향, 복습 방법, 인강 활용, 학원 수업과의 병행 등 실제로 많이 궁금해하시는 내용을 중심으로 구성되어 있습니다. 이를 통해 학부모님들께서 자녀의 학습 계획을 이해하고 효과적으로 지원하실 수 있도록 도움을 드리고자 합니다.

Q1. 아이가 하루 종일 공부하는데 성적이 오르지 않습니다. 왜 그럴까요?

학습 능력(머리)의 문제가 아니라, 학습을 걸러 내고 판단하는 구조가 부족할 가능성이 큽니다. 어릴 때부터 설명을 그대로 받아 적고, 시키는 문제를 풀어 오는 방식에 익숙해지면 무엇이 중요한지, 무엇을 먼저 정리해야 하는지, 또 내가 잘하는 것과 약한 것이 무엇인지 스스로 판단하는 힘이 자라기 어렵습니다. 이 경우 아이는 분명히 많은 시간을 공부에 쓰지만 모든 내용을 같은 무게로 받아들이고 그대로 흘려보내기 때문에 공부량에 비해 성과가 낮게 나타납니다.

즉, 듣고-풀고-넘어가는 학습이 반복되면서 '선택하고 정리하는 공부'가 되지 못해 효율이 쌓이지 않는 구조에 머물러 있는 상태라고 볼 수 있습니다.

Q2. 학원을 많이 다니면 성적이 오르지 않나요?

학원은 배움의 '시작'일 뿐, 성적을 완성해 주지는 않습니다.

학원 수업은 설명과 문제 제시까지는 도와주지만, 그 내용을 아이가 스스로 정리하고 복습하는 과정이 따라오지 않으면 수업을 많이 들어도 성적으로 이어지지 않는 경우가 많습니다.

또 한 가지 중요한 기준은 그 학원이 아이의 수준을 중심으로 수업하고 있는지, 아니면 이미 잘하는 학생들의 속도와 이해도를 기준으로 운영되는지입니다. 잘하는 학생 중심의 수업에서는 설명을 따라간다는 느낌은 들 수 있어도 정작 아이에게 필요한 이해 구간은 비어 있게 됩니다.

결국 성적을 만드는 힘은 학원 수업이 아이 수준에 맞게 이해되고 있는지, 그 위에서 학원 수업이 보완 역할을 하고 있는지, 그리고 학원 수업 후 자습과 복습이 제대로 연결되고 있는지에 달려 있습니다.

인강은 '언제든 많이 보는 것'보다 목적에 맞게 쓰는 것이 중요합니다. 인강은 무조건적인 선행 도구라기보다 복습과 보강에 가장 효과적인 학습 수단입니다. 학교 수업이나 학원 수업에서 이해가 부족했던 개념을 다시 설명받고 정리할 때 인강의 효율이 가장 높아집니다.

활용 시기를 나누어 보면 다음과 같습니다.

방학 중에는 한 학년 정도의 개념 선행을 통해 다음 학기 수업을 이해하기 위한 기초를 마련하는 데 인강이 도움이 됩니다. 반면 학기 중에는 전체 강의를 따라가기보다 필요한 단원만 골라 복습용·보강용으로 부분 활용하는 것이 바람직합니다. 또한 수능을 준비하는 고학년의 경우에는 여러 인강을 병행하며 자신의 약점과 목표에 맞게 선택적으로 활용할 수 있습니다. 다만 이때도 '많이 듣는 것'보다 자신에게 필요한 강의만 선별해 소화하는 것이 핵심입니다.

인강에는 개념 기초 강의, 심화 개념 강의, 기본 문제 풀이부터 고난도 문제 풀이 강의까지 다양한 유형이 있습니다. 따라서 자신의 현재 이해 수준과 학습 역량을 기준으로 강의 난도와 분량을 조절하지 않으면 오히려 부담만 커질 수 있습니다.

당일 복습은 선택이 아니라 학습의 기본 원칙입니다.

그날 배운 내용은 시간이 지나기 전에 한 번 더 정리해야 비로소 기억으로 남습니다. 이는 의지나 성향의 문제가 아니라 뇌의 작동 방식과 관련된 문제입니다. 심리학자 에빙하우스의 망각곡선에 따르면, 사람은 학습 후 24시간 이내에 배운 내용의 상당 부분을 자연스럽게 잊어버립니다. 하지만 같은 내용을 그날 안에 한 번만 다시 떠올려도 기억 유지율은 눈에 띄게 높아집니다.

주말에 몰아서 복습하는 방식은 이미 많이 잊힌 상태에서 다시 보는 공부가 되기 쉽습니다. 따라서 주말 복습은 평일 학습의 보완 수단이 될 수는 있어도, 당일 복습을 완전히 대체하기는 어렵습니다.

또 하나의 중요한 요소는 자기 주도 학습 시간의 확보입니다. 당일 복습은 학원이나 학교 수업이 끝난 뒤 학생이 스스로 배운 내용을 정리하는 거의 유일한 시간입니다. 이 시간이 쌓여야 "무엇을 알고 있고, 무엇을 모르는지"를 판단하는 힘이 길러집니다. 복습은 오래 할 필요도 없습니다. 20분 내외로 핵심 개념을 다시 읽고, 수업내용 (판서와 프린트) 을 정리하며 "오늘 수업의 핵심이 무엇이었는가"를 점검하는 것만으로도 충분합니다.

실수는 부주의라기보다, 대개 이해가 덜 굳은 지점이 겉으로 드러난 신호입니다. 문제를 많이 풀수록 실수가 늘어난다면, 아이가 게을러서가 아니라 풀이가 확신이 아니라 습관으로 굴러가고 있을 가능성이 큽니다.

실수가 반복되는 대표 원인은 보통 세 가지입니다.

1. 공식은 외웠지만 '적용 조건'이 정리되지 않은 경우입니다.

예를 들어 수학에서 공식을 맞게 외워도, "이 상황에서 이 공식이 성립하는 이유는 뭐지?" "이 공식은 어떤 조건에서만 쓸 수 있지?"를 모르고 쓰면 유형이 조금만 바뀌어도 실수가 나옵니다. 즉, 실수처럼 보이지만 사실은 판단 실수(적용 실수)입니다.

2. 풀이 과정이 머릿속에서 생략되는 경우입니다.

아이들이 아는 문제라고 느끼면 손이 빨라지는데, 이때 계산 과정이나 논리 과정이 한두 단계씩 생략됩니다. 특히 내신 서술형은 정답보다 과정의 정확성을 보기 때문에, 눈으로만 풀고 손으로 쓰지 않으면 실수가 반복됩니다.

3. 오답을 수정만 하고 원인 분석을 하지 않는 경우입니다.

틀린 문제를 다시 풀기는 하지만 **왜 틀렸는지를 정확히 기록**하지 않으면 똑같은 실수가 형태만 바꿔 반복됩니다. 오답 정리는 문제를 모으는 게 아니라, **내 사고의 약점을 고치는 작업**입니다.

오히려 반대입니다. 수면은 '공부를 쉬는 시간'이 아니라 '공부가 완성되는 시간'입니다 . 하루 동안 배운 내용은 잠을 자는 동안 뇌에서 다시 정리되고, 중요한 정보만 선별되어 장기 기억으로 저장됩니다. 이 과정이 충분히 일어나지 않으면, 아무리 오래 책상에 앉아 있어도 다음 날 기억은 흐릿해지고 실수는 늘어납니다.

잠을 줄이면 당장은 공부 시간이 늘어난 것처럼 보이지만, 집중력·판단력·기억 유지력이 동시에 떨어져 같은 내용을 더 오래, 더 비효율적으로 반복하게 됩니다. 특히 내신처럼 정확성과 안정성이 중요한 시험에서는 수면 부족이 곧 점수 손실로 이어지기 쉽습니다.

결국 성적을 꾸준히 유지하는 학생은 늦게까지 버티는 학생이 아니라, 정해진 시간에 자고, 다음 날 또 같은 리듬으로 공부할 수 있는 학생입니다.

꼭 그대로 따를 필요는 없습니다. 다만, 원칙은 필요합니다.

공부에는 정답 공식이 없고, 아이마다 성향·환경·속도는 모두 다릅니다. 따라서 이 책에 제시된 방식도 그대로 복사해 쓰기보다는 참고 자료로 활용해도 충분합니다. 하지만 어떤 방식이든 반드시 지켜져야 할 최소한의 공통 원칙은 있습니다.

배운 내용을 한 번 더 꺼내 보고, 이해했는지 스스로 점검하고, 부족한 부분을 반복해서 보완하는 구조입니다. 이 과정이 빠진 공부는 아무리 많은 시간을 들여도 실력으로 남기 어렵습니다. 반대로, **이 원칙만 지켜진다면 노트 방식이 달라도, 문제집이 달라도, 공부 시간표가 달라도 학습은 분명히 쌓입니다.**

올바른 학습은,
순간의 성적이 아니라, 지속되는 성장

아이에게 필요한 것은 스스로 배우고 점검하며 방향을 조정할 수 있는 학습의 구조를 만들어 가는 과정입니다.

성적은 단기간의 노력으로 갑자기 달라지기보다, 이해하고 정리하고 다시 확인하는 반복 속에서 서서히 쌓입니다.

부모가 해 줄 수 있는 가장 큰 도움은 공부를 관리하는 것이 아니라, 아이가 자신의 학습 과정을 이해하고 유지할 수 있도록 기다려 주는 일입니다.

아이마다 속도는 다르지만, 올바른 학습의 기준과 안정된 루틴이 자리 잡으면 변화는 반드시 나타납니다. 중요한 것은 앞서 나가는 것이 아니라, 흔들리지 않고 계속 쌓아 갈 수 있는 힘을 기르는 것입니다.

결국 공부의 목표는 시험을 잘 치르는 데에만 있지 않습니다. 스스로 배우는 경험을 통해 자신의 가능성을 확인하고, 앞으로의 변화 속에서도 방향을 잃지 않는 힘을 갖추는 데 있습니다. 그 과정이 쌓일 때 성적은 결과로 따라옵니다.

부록

1. 과목별 필수 도서 목록
2. 진로 및 교육 사이트 소개

국어

제목	작가	교과역량
언어의 역사	데이비드 크리스탈	
아Q정전	류쉰	
데미안	헤르만 헤세	
말의 품격	이기주	[비판적·창의적 사고 역량, 의사소통 역량] 텍스트에 담긴 타인의 생각과 가치를 비판적으로 이해하고 수용하며, 이를 바탕으로 자신의 사유를 확장하고 세상과 소통하는 인문학적 감수성을 함양함.
당신 인생의 이야기	테드 창	
변신	카프카	
책 읽고 글쓰기	나민애	
난장이가 쏘아올린 작은 공	조세희	
읽어도 도대체 무슨 소린지	크리스 토바니	
소유냐 존재냐	에리히 프롬	

- **활용 포인트**

    텍스트의 단순 해석을 넘어 비판적 사고와 사회적 맥락 연결 능력 보여주기

- **독서감상문/서평**

    – 재해석: 고전 문학(예: 아Q정전, 난쏘공)을 읽고 당시의 사회상과 현대 한국 사회의 문제점 (빈부격차, 차별 등)을 연결하여 비교하는 비평문 작성.

    – 관점 전환: 소설 속 인물의 행동을 윤리적/심리적 관점에서 비판하거나 옹호하는 논설문 쓰기. (예: 변신의 그레고르 가족의 행동에 대한 윤리적 판단)

- **탐구보고서**

    – 언어 탐구: 언어의 역사 등을 읽고, 신조어나 유행어가 우리 사회의 소통 방식에 미치는 영향을 언어학적 관점에서 분석.

    – 매체 분석: 책에서 다룬 갈등 구조가 현대 미디어(영화, 드라마)에서는 어떻게 변용되어 나타나는지 비교 분석 보고서 작성.

영어

제목	작가	교과역량
언어의 탄생	빌 브라이슨	
인문학은 언어에서 태어났다 – 재미있는 영어 인문학 이야기	강준만	
1984	조지 오웰	
Great Expectations	찰스 디킨스	[세계 시민 의식, 문화적 포용성] 언어 습득을 넘어 다양한 문화적 배경과 글로벌 이슈를 이해하고, 타 문화에 대한 개방적 태도와 비판적 사고를 갖춘 세계 시민으로서의 자질을 기름.
The Scarlet Letter	너새니얼 호손	
The Giver	로이스 로리	
Rosa Parks: My Story	Rosa Parks and JimHaskins	
Go as a River	셸리 리드	
Dead Poet's Society	N. H. 클라인바움	
Hatchet	게리 폴슨	

- **활용 포인트**

  언어 능력뿐만 아니라 문화적 다양성 이해 및 글로벌 이슈에 대한 관심 표명

- **독서감상문/서평**

  – 원서 비교: 번역본과 원서(The Giver, 1984)의 특정 챕터를 비교하며, 번역 과정에서 달라진 뉘앙스나 문화적 차이를 분석.

  – 문화 비평: Rosa Parks 등을 읽고, 인권 운동의 역사적 흐름과 현대 사회의 차별 문제를 연결하여 영어 에세이 작성.

- **탐구보고서**

  – 지문 확장: 교과서에서 배운 지문과 연관된 원서(Invention of Nature 등)를 발췌독하고, 교과서에서 다루지 않은 심화 배경지식을 정리하여 발표.

  – 키워드 탐구: 책에 등장하는 핵심 키워드(예: Dystopia, Surveillance)가 현대 기술 사회(CCTV, AI 감시)에서 어떻게 현실화되었는지 조사.

제목	작가	교과역량
통계학, 빅데이터를 잡다	조재근	
미적분의 쓸모	한화택	
미적분의 힘	스티븐 스트로가츠	
수학은 실험이다	구로타 토시로	[문제 해결 역량, 수리·논리적 사고력] 수학적 원리가 자연 현상 및 사회 문제 해결에 어떻게 적용되는지 탐구하고, 추상적인 개념을 논리적으로 연결하여 실생활 문제를 해결하는 창의·융합적 사고력을 배양함.
새빨간 거짓말, 통계	대럴 허프	
어느 수학자의 변명	G.H 하디	
페르마의 마지막 정리	사이먼 싱	
수학이 일상에서 이렇게 쓸모 있을 줄이야	클라라 그리마	
나는 수학으로 세상을 읽는다	롭 이스터웨이	
신도 주사위 놀이를 한다	이언 스튜어트	

- **활용 포인트**

  문제 풀이를 넘어 수학적 원리의 역사적 배경과 실생활 적용 능력 증명

- **독서감상문/서평**

  - 개념의 역사: 수학이 필요한 순간, 미적분의 힘 등을 읽고, 특정 공식이나 정리가 탄생하게 된 역사적 배경과 필요성을 정리하여 수학의 유용성 서술.
  - 수학자 탐구: 수학자의 일생이나 업적을 읽고, 그가 겪은 시행착오 과정이 나에게 주는 수학적 교훈(끈기, 발상의 전환 등) 작성.

- **탐구보고서**

  - 원리 적용: 책에 소개된 수학적 모델(예: 전염병 확산 모델, 확률 통계)을 활용해 우리 학교나 지역의 데이터를 분석하거나 예측하는 시뮬레이션 보고서.
  - 증명과 확장: 교과서에서 생략된 증명 과정을 책을 통해 찾아 직접 유도해보고, 지오지브라(GeoGebra) 등 공학 도구로 시각화하여 검증.

사회·윤리

제목	작가	교과역량
짐묵의 나선	엘리자베스 노엘레 노이만	[공동체 역량, 비판적 사회 인식] 사회 현상과 구조적 문제(불평등, 정의 등)를 다각도로 분석하고, 타인과의 공존을 위한 윤리적 판단력과 사회적 책임을 실천하는 시민 의식을 함양함.
공공선을 위하여	데이비드 바사미언, 노암 촘스키	
세계는 왜 싸우는가	김영미	
평균의 종말	로드 로즈	
선량한 차별주의자	김지혜	
인구소멸과 로컬리즘	전영수	
슈퍼 에이지 이펙트	브래들리 셔먼	
오래된 미래 라다크로부터 배우다	헬레나 노르베리 호지	
돈으로 살 수 없는 것들	마이클 샌델	
문화의 패턴	루스 베네딕트	

- **활용 포인트**

  사회 현상에 대한 다각적 분석 및 윤리적 판단 능력과 대안 제시

- **독서감상문/서평**

  - 쟁점 토론: 정의란 무엇인가, 공정하다는 착각 등을 읽고, '능력주의'나 '분배 정의'에 대해 저자의 주장을 반박하거나 옹호하는 논리적 글쓰기.
  - 현상 분석: 선량한 차별주의자를 읽고, 내 주변이나 학교생활 속에서 무의식적으로 행해지는 차별 사례를 찾아 성찰적 에세이 작성.

- **탐구보고서**

  - 심화 탐구: 책에서 제시된 사회 문제(빈곤, 차별, 불평등)의 원인을 통계 자료(국가통계포털 등)와 연결하여 분석하고, 구체적인 정책적 대안이나 캠페인 기획안 제안.
  - 사상 비교: 교과서에 나온 사상가(롤스, 노직 등)의 이론을 책을 통해 심화 학습하고, 현대의 특정 사회 이슈(기본소득 등)에 대입하여 가상 토론 보고서 작성.

지리·역사

제목	작가	교과역량
공간과 장소	이 푸 투안	
지리 대전	로버트 D. 캐플런	
세계를 읽는 지리의 힘	앨러스테어 보네트	[정보 처리 역량, 통찰력 및 인과 분석] 공간과 장소에 대한 이해를 바탕으로 세계의 상호 연관성을 파악하고, 과거의 사실을 통해 현재를 통찰하며 미래를 전망하는 인문·사회적 사고력을 기름.
지금 지리학인가	하름 데 블레이	
존 어리, 모빌리티	이희상	
지리의 힘	팀 마샬	
우리 역사 속 수학 이야기	이장주	
최소한의 한국사	최태성	
식탁 위의 세계사	이영숙	
다시, 역사의 쓸모	최태성	

- **활용 포인트**

  공간적/시간적 인과 관계 파악 및 현재적 시사점 도출

- **독서감상문/서평**

  - 지정학적 통찰: 지리의 힘 등을 읽고, 특정 국가의 지리적 위치가 그 나라의 역사와 경제 발전에 미친 영향을 요약하고 비평.
  - 역사적 평가: 역사의 쓸모 등을 읽고, 과거의 역사적 사건이 현재 우리 사회의 외교나 정치에 주는 교훈을 서술.

- **탐구보고서**

  - 지역 조사: 책에 나온 특정 지역의 변화(젠트리피케이션, 도시화)를 내가 사는 지역과 비교 분석하는 현장 답사 보고서.
  - 가상 역사: "만약 그 사건이 다르게 전개되었다면?"이라는 질문을 던지고, 총, 균, 쇠 등의 환경 결정론적 관점이나 역사적 사실을 근거로 가상 시나리오 작성.

인공지능·정보

제목	작가	교과역량
수상한 인공지능	스테퍼니 맥퍼슨	
개발자의 글쓰기	김철수	
미래를 바꾼 아홉가지 알고리즘	존 맥코믹	
LLM을 활용한 실전 AI 애플리케이션 개발	허정준	[지식 정보 처리 역량, 컴퓨팅 사고력] 디지털 기술과 데이터가 사회에 미치는 영향을 이해하고, AI 윤리 의식을 바탕으로 기술을 활용하여 복잡한 문제를 효율적으로 해결하는 절차적 사고 능력을 키움.
앨런 튜링, 지능에 관하여	앨런 튜링	
해커와 화가	폴 그레이엄	
파이썬 시계열 예측 분석	마르쿠 페이셰이루	
초자동화 시대가 온다	롭 윌슨, 조시 타이슨	
개발자를 위한 필수 수학	토머스 닐드	
AI 시대의 프로그래머	톰 타울리	

- **활용 포인트**

  기술의 원리 이해 및 디지털 윤리 의식, 데이터 리터러시 강조

- **독서감상문/서평**

  - 기술 비평: 미래를 바꾼 아홉가지 알고리즘 등을 읽고, 우리가 사용하는 검색 엔진이나 SNS 알고리즘의 원리를 설명하고, 그로 인한 필터 버블(확증 편향) 문제를 비판.
  - 윤리적 고찰: AI 관련 책을 읽고, 자율주행차의 딜레마나 AI 창작물의 저작권 문제에 대한 자신의 견해 서술.

- **탐구보고서**

  - 알고리즘 구현: 책에 소개된 간단한 알고리즘(정렬, 탐색 등)을 파이썬 등으로 직접 코딩하여 구현해보고, 효율성을 비교하는 실험 보고서.
  - 데이터 분석: 공공 데이터를 활용하여 사회 현상(예: 기후 변화, 교통량)을 분석하고 시각화(그래프)하여 인사이트를 도출.

물리

제목	작가	교과역량
열역학 개념의 해설	여상도	
보이지 않는 세계	이가영	
호킹의 빅 퀘스천에 대한 간결한 대답	스티븐 호킹	[과학적 사고력, 논리적 추론 능력] 자연 현상을 지배하는 기본 법칙과 원리를 탐구하며, 가설 설정 및 검증 과정을 통해 논리적으로 인과 관계를 추론하고 설명하는 과학적 기초 역량을 다짐.
최무영 교수의 물리학 강의	최무영	
물리학 오디세이	앤루니	
알고 보면 재미나는 전기 자기학	박승범, 이창효	
김상협의 무지개 연구	김상협	
물리적 힘	헨리 페트로스키	
현대물리학과 동양사상	프리초프 카프라	
전기의 역사	이봉희	

- **활용 포인트**

  자연 현상의 물리적 원리 규명 및 실생활 기술 적용 탐구

- **독서감상문/서평**

  – 원리 설명: 떨림과 울림, 부분과 전체 등을 읽고, 양자역학이나 파동 같은 난해한 개념을 자신만의 언어와 비유로 쉽게 풀어서 설명하는 글쓰기.

  – 과학사 이해: 과학자의 전기를 읽고, 주요 물리 법칙이 발견되는 과정에서의 사고 실험과 논쟁 과정을 정리.

- **탐구보고서**

  – 실험 설계: 책에 나온 물리 현상(예: 공명, 마찰력)을 확인하기 위해 변인(조건)을 통제한 실험을 직접 설계하고 수행하여 결과 분석.

  – 기술 분석: 최신 기술(예: 무선 충전, 노이즈 캔슬링)의 작동 원리를 물리 교과 개념(전자기 유도, 파동의 간섭)을 활용하여 심층 분석.

화학

제목	작가	교과역량
사라진 스푼	샘 킨	
호모 케미쿠스	손병문, 강한기	
화려한 화학의 시대	프랭크 A. 폰 히펠	[과학적 탐구 능력, 자료 해석 및 활용] 물질의 성질과 변화 과정을 미시적 관점에서 이해하고, 실험과 관찰을 통해 데이터를 해석하며 실생활 속 화학적 현상을 분석하는 탐구 자세를 기름.
화학, 인문과 첨단을 품다	전창림	
배터리 전쟁	루카스 베드나르스키	
탄소 문명	사토 겐타로	
화학으로 이루어진 세상	K.메데페셀헤르만	
처음 읽는 2차전지 이야기	시라이시 다쿠	
쓸모의 과학, 신소재	조용수	
분자 조각가들	백승만	

- **활용 포인트**

  물질의 성질과 반응에 대한 이해를 바탕으로 환경/에너지 문제 해결 모색

- **독서감상문/서평**

  - 물질의 역사: 사라진 스푼, 역사를 바꾼 17가지 화학 이야기 등을 읽고, 특정 원소나 화합물이 인류 역사(전쟁, 의학, 산업)에 미친 영향을 서술.
  - 환경 독후감: 침묵의 봄 등을 읽고, 화학 물질의 남용이 생태계에 미치는 영향과 화학자의 윤리적 책임에 대해 논술.

- **탐구보고서**

  - 성분 분석: 화장품, 의약품, 식품 등에 포함된 화학 성분의 분자 구조와 역할을 조사하고, 화학 반응 원리(산화–환원, 중화 등)를 분석.
  - 실험 수행: 책에 소개된 화학 반응(예: 아스피린 합성, 천연 지시약)을 학교 실험실에서 직접 수행하고 오차 원인을 분석하는 보고서.

생명과학

제목	작가	교과역량
이중나선	제임스 왓슨	
RNA 특강	송기원	
랩 걸	호프 자런	
세포, 생명의 마이크로 코스모스 탐사기	남궁석	[생명 존중 의식, 시스템적 사고] 생명 현상의 유기적 연결 고리를 이해하고, 생명 공학 기술의 발달이 가져올 사회적·윤리적 쟁점에 대해 고찰하며 생명 존중의 가치관을 확립함.
게놈 오디세이	유안 A. 애슐리	
이토록 뜻밖의 뇌과학	리사 펠드먼 배럿	
내 몸의 설계자, 호르몬 이야기	박승준	
다윈의 식탁	장대익	
찬란한 멸종	이정모	
작은 것들이 만든 거대한 세계	멀린 셸드레이크	

- **활용 포인트**

  생명 현상의 정교함 이해 및 생명 윤리, 최신 바이오 기술 탐구

- **독서감상문/서평**

  – 진화론적 관점: 이기적 유전자, 종의 기원 등을 읽고, 동물의 행동이나 인간의 본성을 진화론적 관점에서 해석하고 자신의 생각 정리.

  – 생명 윤리: 멋진 신세계 등을 읽고, 유전자 조작 기술(CRISPR)이 가져올 미래 사회의 윤리적 쟁점(맞춤형 아기 등)에 대한 찬반 에세이.

- **탐구보고서**

  – 질병 기전: 뇌과학이나 질병 관련 책을 읽고, 특정 질병(알츠하이머, 암)의 발병 메커니즘을 세포/분자 수준에서 심화 조사.

  – 비교 관찰: 주변의 생물(식물, 곤충)을 관찰하거나 책에 나온 생물학적 원리(삼투압, 효소 반응)를 확인하는 실험 보고서.

지구과학

제목	작가	교과역량
우주의 측량	안상현	
최종 경고: 6도의 멸종	마크 라이너스	
코스모스	칼 세이건	
그림속 천문학	김선지	[통합적 사고력, 생태적 감수성] 지구 시스템의 상호작용과 우주의 원리를 거시적 관점에서 탐구하고, 기후 변화 등 전 지구적 문제에 대해 과학적 근거를 바탕으로 해결 방안을 모색함.
빅뱅의 메아리	이강환	
다 읽는 순간 하늘이 아름답게 보이는 구름 이야기	아라키 켄타로	
한국의 지질공원	국가지질공원	
모든 사람을 위한 빅뱅 우주론 강의	이석영	
바다는 왜?	장순근, 김웅서	
갈 수 없지만 알 수 있는	지웅배	

- **활용 포인트**

  지구 시스템의 상호작용 이해 및 기후 위기, 우주 탐사에 대한 관심

- **독서감상문/서평**

  - 거시적 관점: 코스모스를 읽고, 우주의 역사 속에서 인간의 존재 의미와 지구 환경 보존의 필요성을 철학적/과학적으로 서술.
  - 기후 위기: 6도의 멸종 등을 읽고, 기온 상승에 따른 지구 환경 변화 시나리오를 요약하고, 이를 막기 위한 개인적/사회적 실천 방안 제시.

- **탐구보고서**

  - 데이터 분석: 기상청이나 NASA의 데이터를 활용하여 과거의 기후 변화 추이와 책의 내용을 비교 분석.
  - 현상 탐구: 최근 발생한 자연재해(지진, 태풍)의 원인을 책에서 배운 지질학/기상학 원리를 적용하여 심층 분석하는 보고서.

예술(음악·미술)·체육

제목	작가	교과역량
음악, 너 혹시 과학이야?	앨런 크로스	
서양미술사	에른스트 H.곰브리치	
나는 메트로폴리탄 미술관의 경비원입니다	페트릭 브랑리	
뮤지컬 산책	권혁인	[심미적 감성 역량, 자기 관리 역량] 예술적 체험을 통해 공감 능력과 창의적 표현력을 기르고, 신체 활동을 통해 도전 정신과 협력의 가치를 배우며 전인적인 성장을 도모함.
이기는 몸	이동환	
클릭 서양미술사	캐롤 스트릭랜드	
점.선.면	바실리 칸딘스키	
경기장을 뛰쳐나온 인문학	공규택	
디자인씽킹 바이블	로저 마틴	
한 권으로 읽는 국제스포츠 이야기	유승민, 박주희	

- **활용 포인트**

  예술/체육 활동 속에 숨겨진 과학적/인문학적 원리 탐구 및 융합적 사고

- **독서감상문/서평**

  – 작품 분석: 서양미술사 등을 읽고, 특정 화풍이나 작품이 탄생하게 된 시대적 배경(역사, 사회)과 작가의 의도를 연결하여 감상평 작성.

  – 원리 이해: 음악, 너 혹시 과학이야? 등을 읽고, 악기의 소리 원리나 화음의 수학적 비율 등을 정리.

- **탐구보고서**

  – 융합 탐구: 미술 재료의 화학적 성질 분석, 스포츠 동작의 물리학적 원리(역학) 분석, 음악 치료의 뇌과학적 원리 조사 등 타 교과와 융합한 보고서.

  – 진로 연계: 예술 경영, 스포츠 마케팅 등 관련 분야의 직업 세계를 책을 통해 탐색하고 진로 로드맵 작성.

진로·교양·철학·자기계발

제목	작가	교과역량
여덟 단어	박웅현	
그릿	앤절라 더크워스	
학문의 즐거움	히로나카 헤이스케	
철학은 어떻게 삶의 무기가 되는가	야마구치 슈	[자기 주도성, 자아 성찰 및 진로 설계] 자신의 흥미와 적성을 깊이 있게 탐색하고, 삶의 가치관을 정립하며 주도적으로 자신의 진로를 설계하고 실천하는 자기 경영 능력을 함양함.
생각의 지도	니스벳	
회복탄력성	김주환	
생각의 탄생	미셸루트번스타인	
세상 끝의 고래	크리스 빅	
타이탄의 도구들(블랙 에디션)	팀 페리스	
리터러시, 다르게 생각하는 힘	주니어미디어오늘	

- **활용 포인트**

  자기 주도성, 가치관 정립, 메타인지 능력 함양

- **독서감상문/서평**

  – 자아 성찰: 철학은 어떻게 삶의 무기가 되는가, 여덟 단어 등을 읽고, 나만의 가치관이나 인생의 모토를 정립하고 관련된 경험 서술.

  – 학습법 적용: 그릿, 몰입 등을 읽고, 자신의 공부 습관을 점검하고 개선할 점을 찾아 실천 계획 수립.

- **탐구보고서**

  – 진로 탐색: 관심 있는 직업군이나 학문 분야의 개론서를 읽고, 해당 분야의 핵심 역량, 전망, 주요 이슈 등을 심층 조사하여 진로 보고서 작성.

  – 철학적 논증: 책에 나온 철학적 딜레마(트로리 문제 등)에 대해 자신만의 논리로 해결책을 제시하고 급우들과 토론 내용 정리.

제목	작가	교과역량
세계사를 바꾼 10가지 약	사토 겐타로	
감정의 분자	캔더스 B. 퍼트	
최재천의 인간과 동물	최재천	
디지털 헬스케어: 의료의 미래	최윤섭	
의학, 인문으로 치유하다	예병일	[윤리적 직업관, 융합적 문제 해결력] 질병과 인간의 고통에 대한 인문학적 이해와 과학적 지식을 융합하여, 의료인으로서 갖추어야 할 공감 능력과 생명 윤리 의식을 고취함.
마법의 탄환	다니엘 바젤라, 로버트 슬레이터	
감염병과 사회	프랭크 M. 스노든	
인생 수업	엘리자베스 퀴블러 로스	
개념의료	박재영	
의학 오디세이	황상익	

- **활용 포인트**

  의학적 지식뿐만 아니라 환자에 대한 공감 능력, 의료 윤리 강조

- **독서감상문/서평**

  − 휴머니즘: 아내를 모자로 착각한 남자, 숨결이 바람 될 때 등을 읽고, 질병이 환자의 삶과 가족에게 미치는 심리적/사회적 영향을 공감하며 의료인의 태도에 대해 서술.

  − 의료 윤리: 연명 치료, 장기 이식, 의료 자원 분배 등 의료 현장의 윤리적 딜레마를 다룬 책을 읽고 자신의 입장을 정리.

- **탐구보고서**

  − 질병 연구: 관심 있는 질병이나 신체 기관에 대해 해부학/생리학적 지식을 책과 논문으로 심화 학습하고, 최신 치료법(줄기세포, 유전자 가위 등)의 동향 조사.

  − 공공 보건: 전염병의 역사나 공공 보건 관련 책을 읽고, 감염병 예방을 위한 사회적 시스템이나 정책 제언 보고서 작성.

이 독서 목록은 단순히 다독을 위한 목록이 아니라, 교과 지식을 확장하는 '탐구의 재료' 입니다.

1. **교과서와 연결하라 (동기)**: 교과서의 짧은 설명만으로는 이해가 안 되는 개념, 혹은 수업 시간에 배운 내용 중 더 깊이 알고 싶은 주제가 생겼을 때 이 책들을 펼치세요. '수업 시간의 호기심'이 독서의 가장 좋은 계기입니다.

2. **질문을 남겨라 (과정)**: 책의 내용을 요약하는 데 그치지 말고, 저자의 주장에 대한 나의 생각, 비판, 그리고 새롭게 생긴 궁금증을 메모하세요. 대학은 '줄거리'가 아니라 책을 통해 성장한 학생의 '사고력'을 보고 싶어 합니다.

3. **교과서와 연결하라(확장)**: 책을 읽고 해결되지 않은 궁금증은 다른 책·논문·영상·강연으로 이어지도록 확장하세요. '독서 → 질문 → 후속 탐구(보고서/발표)'로 이어지는 꼬리 물기 식 활동이야말로 최상위권 생기부의 핵심 비밀입니다.

[부록 2] 진로 및 교육 사이트 소개

정보목록	사이트명	사이트주소	내용
진로 검사 및 직업 탐색, 진로 체험 정보	진로정보망 커리어넷	https://www.career.go.kr/cloud/w/main/home	진로 심리검사(직업흥미검사(K,H), 직업가치관검사, 진로개발역량검사, 직업적성검사, 직업성숙도검사
	서울진로진학정보센터	www.jinhak.or.kr	청소년용 심리검사(진로흥미탐색, 직업적성검사, 직업흥미검사 K형, 직업흥미검사 H형, 진로성숙도검사, 직업가치관검사)
	커리어넷 신산업(초, 중)	https:// www. career. go. kr/cloud/w/industry/intro	디지털기술, 모빌리티, 미래농업, 신재생에너지, 첨단바이오 PPT와 수업 자료
	주니어 커리어넷	https://www.career.go.kr/cloud/j/main/home	초등학교 저학년 진로흥미탐색, 고학년 진로흥미탐색, 고학년 진로개발역량 검사 및 미래 직업 정보 탐색 가능
	과학누리	https://www.nst.re.kr/SCIENCE/contents.do?key=258	과학기술분야 24개 정부출연 연구기관(출연(연))의 과학문화 프로그램 정보를 통합하여 제공하는 서비스로 다양한 이공계 분야에 대한 탐색 가능
	꿈길	https://www.ggoomgil.go.kr/front/index.do	초중고 학생들의 다양한 진로체험을 지원하고 학교교육과정과 연계한 진로탐색 활동을 돕는 시스템
	원격영상 진로멘토링	https://mentoring.career.go.kr/school/index.do	초중고 대상 원격영상 진로멘토링 프로그램, 학과 탐색 가능
	오늘도	https://www.onldo.kr/?pos=5	진로교육 전문기업 '캠퍼스멘토'에서 제작한 진로교육 정보 탐험 서비스로 계열별 학과, 선택과목 정보, 직업과 학과별 추천 도서 정보 제공

정보목록	사이트명	사이트주소	내용
진로 검사 및 직업 탐색, 진로 체험 정보	크레존창의인성교육넷	https://www.crezone.net/main	한국과학창의재단이 운영하는 창의체험 정보와 창의인성교육 전문자료 제공
	한국잡월드	https://www.koreajobworld.or.kr/portal.do	다양한 직업 세계를 체험하고, 구체적인 진로를 탐색할 수 있도록 만들어진 국립직업체험관
	YEEP	https://yeep.go.kr/main/main.do	온라인창업체험교육 플랫폼으로 대한민국 청소년 창업경진대회 자료 확인 가능
	국립중앙과학관	https://www.science.go.kr/mps/index.do	전시관, 과학교육 프로그램 및 과학자료 수록
	국립과천과학관	https://www.sciencecenter.go.kr/scipia/	과학 체험, 전시, 교육, 행사 등 과학교육 프로그램 참여 가능
도서 및 자료 탐색 사이트 정보	국회도서관 책이야기	https://www.nanet.go.kr/datasearch/commant/selectWeekCommantList.do	서평 및 다양한 서적, 전문 자료
	독서로	https://read365.edunet.net/	도서 검색부터 도서 정보, 독후활동, 개인 독서 기록까지 한 번에 관리할 수 있는 독서활동 지원 프로그램
	서울특별시교육청 전자도서관	https://e-lib.sen.go.kr/main	전자책, 오디오북, 잡지, 어학 강좌 등을 무료로 이용할 수 있는 전자도서관
	북틴넷	https://bookteen.net/	청소년 책 추천 웹사이트
	책씨앗	www.bookseed.kr	독자와 학교, 도서관이 독서 체험프로그램을 잘 활용하도록 도와주는 독서 문화 플랫폼

정보목록	사이트명	사이트주소	내용
도서 및 자료 탐색 사이트 정보	오픈라이브러리	https://openlibrary.org/	수백만 권의 책을 무료로 읽을 수 있는 영어 원서 사이트
	어린이 강원일보	http://www.kidkangwon.co.kr/	어린이 뉴스, 시사이슈 및 NIE 논술 자료 매우 좋음
	어린이 동아	https://kids.donga.com/	어린이 뉴스, 시사이슈 및 다양한 논술과 토론 주제 자료 풍부
	어린이 조선일보	https://www.chosun.com/kid/	뉴스리터러시 자료 및 NIE 논술 자료 매우 좋음 꾸준히 문해력을 키울 수 있는 좋은 자료 제공
	교보문고 스콜라	https://scholar.kyobobook.co.kr/main	학지사•교보문고가 제공하는 학술논문 전문 자료
	한국학술지인용색인	https://www.kci.go.kr/kciportal/main.kci	한국연구재단에서 운영하는 국내 학술지 정보, 논문 정보 및 참고문헌을 DB화하여 논문 간 인용관계를 분석하는 시스템
	EBS 위대한 수업	https://home.ebs.co.kr/greatminds/index	정치, 경제, 경영, IT, 사회, 철학, 심리, 역사, 과학, 환경, 예술 관련 세계 석학들의 전문적인 강의를 들으며 자신의 진로를 고민해 볼 수 있는 최고의 교양 프로그램
	국가 지속가능 발전 포털	https://ncsd.go.kr/	유엔에서 만든 지속가능발전목표(SDGs) 17가지에 대한 정보 제공
	뉴닉	https://newneek.co/	쉽고 재미있게 뉴스 자료를 검색하고 공부할 수 있는 미디어 플랫폼

정보목록	사이트명	사이트주소	내용
교육 및 입시 정보	학교 알리미	https://www.schoolinfo.go.kr/Main.do	초등학교, 중학교, 고등학교 학교정보 공시제도 소개, 공시범위 및 시기, 관련법규, 보도자료 수록. 학교 교육과정, 수행평가, 동아리, 학교 특색활동 자료 제공
	고입정보포털	https://www.hischool.go.kr/	고등학교 입시 정보, 전형 방법 및 일정 등 모든 유형별 고등학교 정보를 제공하는 서비스
	하이파이브	https://www.hifive.go.kr/	특성화고 마이스터고에 대한 모든 정보를 제공하는 포털사이트
	학교예술교육포털	https://artsedu.re.kr/home/kor/main.do	학교 예술교육 지원 사이트
	대입정보포털 어디가	https://www.adiga.kr/	한국대학교육협의회가 운영하는 대입 정보 검색 사이트로 대학/학과/전형정보 등 탐색 가능
	대학 알리미	https://www.academyinfo.go.kr/index.do	한국대학교육협의회에서 운영하며 대학 관련 주요 정보를 모두 확인할 수 있는 웹사이트
	전문대학포털-프로칼리지ex.do	https://www.procollege.kr/web/main/index.do	한국전문대학교육협의회가 운영하는 전문대학교 종합 정보 웹사이트
	괜찮은 뉴스	https://www.nextplay.kr/	대한민국 대표 입시전문가가 참여한 교육종합 정보지
	베리타스 알파	https://www.veritas-a.com/	교육 전문 신문, 대입 고입 입시정보, 대학고교 입시전형, 교육정책 분석, 학습정보

정보목록	사이트명	사이트주소	내용
교육 및 입시 정보	교육대기자TV	https://www.youtube.com/ channel/ UCy1x3GhPFHtno57QTFmZPhQ	공교육과 사교육을 두루 취재해 온 교육전문기자가 다양한 교육계 리더를 만나 궁금증을 해결해주는 유튜브 채널
	쎈(SEN)진학나침판	https://ipsi.sen.go.kr/ ssenjh/main/main.do	서울진로진학정보센터에서 진로 진학 설계를 위해 만든 웹사이트
학습 및 기출 문제 사이트 정보	DANCHOO	https://ai- plus.ebs.co.kr/ebs/ai/ aib/ItemMain.ebs	EBSi 인공지능 학습진단 서비스, 문제 추천 서비스
	이솝	https://www.ebssw.kr/	EBS에서 만든 AI•SW 학습, 실습 사이트
	에듀넷	https:// www.edunet.net/main	학년별, 주제별, 과목별로 원하는 과목과 단원평가 문제지와 답안지를 무료로 다운 받을 수 있는 서비스
	족보닷컴	https:// www.zocbo.com/	중, 고등 전 과목 내신대비 문제은행
	나무아카데미	https:// www.namuacademy.com/	중, 고등학교 내신 기출 및 수능특강 변형문제
	국어자신감	https://www.xn-- 439awzx48bzsc91c.com/ kor/main/	국어 출판사별로 정리되어 있어서 유용한 대한민국 1위 국어자료실
	학습지제작소	https:// calcproject.tistory.com/	수학문제 다운로드 가능한 블로그
	내신코치(유료, 무료)	https ://www. nscoach.com/	족보닷컴과 비슷한 형태, 학교별 기출문제는 무료도 많은 듯
	수악중독	https://www.youtube.com/ channel/ UC5aEedPor2ARJeqhfynSx8g	수학 유튜브와 자체자료 다운사이트

정보목록	사이트명	사이트주소	내용
학습 및 기출 문제 사이트 정보	exam4유	https://www.exam4you.com/	영어 교과서, 변형자료 보유(유료)
	황인영 영어카페	https://cafe.naver.com/maljjang2	대표적인 영어 카페(유료,무료)
	빡공시대	https://cafe.naver.com/dongnote	사회/역사 관련 카페

바나나

바뀐 교육 | 나만 그대로? | 나를 키우는 공부가 답이다

2026년 3월 03일 · 초판발행
2026년 2월 28일 · 초판인쇄
저 자 | 배득중, 김영란, 최현경, 권인희, 방은실, 김승숙
발행인 | 류 긍 선
발행처 | 도서출판 북마을
서울시 중구 마른내로6길 12-14, 201호
등록 2021년 3월 31일(제2021-000044호)
구매문의 02)2263-9262 팩스 02)945-9265
이메일 bookmaeul3@naver.com

정가 16,000원 ISBN 979-11-974460-3-0

이 도서의 국립중앙도서관 출판예정도서목록(CIP)은 서지정보유통지원시스템 홈페이지
(http://www.seoji.nl.go.kr)와 국가자료공동목록시스템(http://